Schatztruhe des G

Faith Coxe Bailey

Dwight L. Moody

Der größte Evangelist des 19. Jahrhunderts

Verlag Schulte + Gerth, Asslar

Die amerikanische Originalausgabe erschien im Verlag Moody Press, Chicago, unter dem Titel „D.L. Moody, the greatest Evangelist of the nineteenth Century"

Aus dem Amerikanischen übersetzt von Hildegard Zahnd

Best.-Nr. 15 659
ISBN 3-87739-659-3
1. Auflage 1984
Umschlaggestaltung: Gisela Scheer
Satz: Typostudio Rücker & Schmidt, Niederkleen
Druck und Verarbeitung: Ebner Ulm
Printed in Germany

1

„Komm sofort zurück, Dwight*! Was in aller Welt fällt dir eigentlich ein? Holst mich zur Arbeit – und verschwindest!“ Der junge Dwight Moody drehte sich um und sah, wie sein Bruder George ärgerlich die Axt wegwarf. Wütend schrie George: „Das laß ich mir nicht bieten! Du behandelst mich wie einen Tagelöhner, stehst herum und –“

„und organisierst!“ grinste Dwight.

„Organisieren! Pah – ein neuer Ausdruck für den Sport, andern die Arbeit zuzuschieben, die man selbst nicht machen will! Ich hab dir vorhin zugehört, mein Junge. Da – nimm die Axt und fang an!“

Zu jedem anderen Zeitpunkt hätte sein großer Bruder anders reagiert. Aber der heutige Tag war zu prächtig für einen Streit. Deshalb wandte sich Dwight widerstrebend dem Holzhaufen zu. „Einer genügt für diese Arbeit“, erklärte er. „Nimm dir ein Beispiel an mir, George, und –“

„Hack jetzt endlich!“ befahl George.

Während einiger Minuten war auf dem Hinterhof der Farm nichts anderes zu hören als der regelmäßige Schlag der Axt und das Splittern des Holzes. Über seinem Kopf krächzte ein Eichelhäher, und gereizt dachte Dwight, daß der Vogel sich über seine Schweißtropfen lustig mache. Als der Häher nach einem letzten spöttischen Schrei hoch über den Baumwipfeln verschwand, haßte Dwight den Vogel, weil er so stolz

---

* Sprich: Dwait

seine Freiheit genoß. Langsamer hob er die Axt, freudlos sauste sie nieder.

„Holzhacken im Herbst", brummte er vor sich hin, „jäten im Frühling, Bohnen pflücken im Sommer. Das ist doch kein Leben!"

George richtete sich auf und wischte sich mit dem Handrücken den Schweiß von der Stirn. „Weshalb organisierst du dir nichts Besseres?"

„Hab die Nase voll von diesem Tal!" Grimmig schlug Dwight mit der Axt auf das Holz. „Krank und müde wird man hier, erdrückt –" hinunter mit der Axt „– müde."

„Pubertätskrise. Bist ja erst sechzehn, Dwight. Mir ist's auch so ergangen."

Der Junge ließ die Axt sinken und stützte sich auf ihren Griff.

„Diese sogenannte Pubertätskrise bringt mich noch dazu, aus dieser Farm und diesem Tal in die weite Welt zu ziehen!"

„Du bist zu groß für deine Hosen, Dwight!"

Dwight warf das Beil hin. „Dann kauf' ich mir eben neue Hosen. Stadthosen. Keine Holzfällerhosen!"

Ein Klotz unter Georges Axt machte sich selbständig und traf ihn heftig ans Schienbein. Er sprang zur Seite und würdigte den groben Klotz keines Blickes. Seine Augen folgten der niederen Hügelkette in der Ferne, die sich so braun vom Himmel abhob wie Mutters Bratensauce, die es bestimmt heute zum Mittagessen geben würde. Mißmutig scheuchte er den Gedanken an Mutter und das Familien-Festessen am Erntedanktag beiseite. „Ein Mann besteht nur aus Muskeln, Blut und Hirn", erklärte Dwight seinem Bruder. „Es liegt an ihm, was er aus diesem Rohstoff macht. Na, ich werde schon das Richtige daraus machen, verlaß dich drauf!"

Das war am Erntedankfest des Jahres 1853. Am Tisch saß der junge Dwight krumm wie ein geknickter Ast, links und rechts von seinem Teller hatte er die Ellenbogen aufgelegt und widmete seine ganze Aufmerksamkeit dem Truthahn plus Kartoffelpüree. Erst als er den zweiten Teller beinahe leer gegessen hatte, begann er auf das Gespräch zu achten, das seine Mutter mit Onkel Samuel führte, der in Boston ein Schuhgeschäft besaß und die Feiertage auf der Farm in Massachusetts verbrachte.

„Kommt daher und frißt sich bei uns dick und fett!" dachte er, als der Onkel hinter vorgehaltener Serviette rülpste. „Dann geht er zurück in die große Stadt, schüttelt uns den Straßenstaub ins Gesicht und bemitleidet uns als die armen Verwandten vom Land." Die Ringe an der Hand des Onkels blitzten. „Wenn ich in diese Stadt hinter den Hügeln gehen könnte, würde ich ebenfalls reich werden!" dachte er.

Onkel Samuel betupfte artig seinen Mund und rülpste wieder. „Ich erkläre hiermit feierlich, Betsy Holton Moody, daß dieser dein Kuchen besser schmeckt als sämtliche Kuchen von Beacon Hill!"

Dwight lehnte sich über den Tisch. „Onkel Samuel, diese Leute in Beacon Hill –" begann er.

Aber seine Mutter pochte auf den Tisch. „Dwight, reich mir bitte den Teller von Onkel Sam!"

Der Junge achtete nicht auf ihre Worte. „Die schwimmen im Geld, nicht wahr?"

„Dwight! Dein Onkel möchte noch ein Stück Kuchen."

Er reichte ihm den Teller und sprach weiter. „Ich glaube, daß ich eines Tages sehr reich sein werde."

Die Mutter hielt den Atem an, aber Onkel Sam nickte strahlend. „Ein guter Vorsatz! Wir leben ja in einem freien Land, mein Junge!"

„Ich glaube, ich werde nach Boston kommen."

„Dwight!" Die Wangen seiner Mutter färbten sich rosig – ein sicheres Zeichen für einen aufziehenden Sturm.

Aber Onkel Samuel kicherte amüsiert. „Laß ihn, Betsy! Träume tun keinem weh!"

„Was soll denn das?"

Dwights Gabel zog wilde Kreise in der Luft. „Ich stell mir vor, du könntest eine Aushilfe in deinem Geschäft gebrauchen für die Wintersaison!"

Der Stuhl des Onkels quietschte. „Mensch, Junge, ich wär' so glücklich wie eine Auster bei Flut, wenn ich dir einen Gefallen damit tun könnte, aber jetzt gerade –"

„Ich habe gar nicht die Absicht, lange bei dir zu bleiben", fuhr der Junge hastig fort. „Nur so lange, bis ich mich zurechtgefunden habe und weiß, was ich eigentlich werden möchte."

Der Onkel gab keine Antwort. Sein Stuhl schwankte hin und her. Dwight wollte Nägel mit Köpfen machen. Je eher er gehen würde, desto besser!

Plötzlich fuhr George dazwischen: „Stell Dwight nur ein! Der wird deinen Laden schmeißen wie nichts!"

Der Junge stieß seinen Stuhl zurück und wollte den Bruder packen. Aber George war, mit dem Kuchen in der Hand, schon zur Tür hinaus. Spöttisch rief er zurück: „Paß ja auf, Onkel Samuel! Sonst windet Dwight dir das Geschäft aus der Hand."

Dwight ließ seinen Bruder gehen und wandte sich wieder dem Onkel zu. „Wir schließen einen Handel ab, Onkel Samuel. Ich fahre morgen mit dir nach Boston." Der Onkel müsse doch verstehen, daß er unmöglich länger hier auf dem Hof bleiben und ein Leben lang Holz spalten könne. „Du darfst mir weniger bezahlen als jedem anderen. Wie findest du das?"

Schweigend stieß der Onkel den Stuhl zurück, schüttelte Serviette und Hose, daß Krumen und Truthahnreste zu Boden fielen und rülpste genüßlich. „Bin vollgeschlagen wie ein junger Hund, Betsy", bekannte er plump. Dann wandte er sich an Dwight.

„Hör zu, Junge! So geht's nicht! Du verstehst das nicht, aber ich hab' wirklich in meinem Bostoner Schuhgeschäft keinen Platz für dich. Du bleibst am besten hier und kümmerst dich um deine Mutter. Sie ist schließlich Witwe und braucht ihre Söhne."

Doch Dwight gab sich nicht geschlagen. Onkel Sam konnte ihm helfen, dem verhaßten Tal zu entfliehen, und es gab keinen Grund, weshalb er hierbleiben sollte. Aber später, als sie draußen beim Holzhaufen miteinander sprachen, fegte Onkel Sam seine guten Gründe einfach unter den Tisch. „Was soll aus deiner Mutter werden, Junge? Du hast immerhin eine gewisse Verantwortung für sie. Sie hat sich auch um euch gekümmert. Du warst ja erst ein vierjähriger Knirps, als dein Vater starb."

„Ich würde ihr Geld schicken", murmelte Dwight.

Der Onkel fummelte an seiner Jacke herum. Die Ringe an seinen Fingern funkelten in der Sonne. Dwight konnte den Blick nicht von ihnen wenden. „Es geht nicht nur um deine Mutter, Dwight. Ich glaube auch nicht, daß ein Bauernjunge um jeden Preis auf seiner Farm bleiben soll. Aber ..." er blies die Backen auf, „Dwight, du bist ein ungezogener junger Hitzkopf. Benimmst dich wie ein Wilder. Sag mal, wer hat eigentlich letzten Monat die Einladung für die Blaukreuz-Versammlung angeschlagen?"

„Aber –"

„Lädt da einer die Farmer, die sowieso kaum Zeit haben, zu einem Vortrag ein, der gar nicht geplant war ..."

„Darf man sich denn nicht einmal einen Spaß erlauben?"

„Spaß und Unfug – das ist's ja gerade! Auf dem Land mag's noch angehen, aber in der Stadt ist es ganz anders. Dort gibt es für einen jungen Burschen hundert Möglichkeiten, krumme Wege einzuschlagen. Besonders für einen Lausbub wie dich. Du hättest dich nicht mehr in der Hand. Würdest Schimpf und Schande auf dich laden –"

Dwight unterbrach ihn. „Ich kann doch auf mich aufpassen!"

– „und den guten Namen des Holton-Schuhgeschäftes in Verruf bringen." Onkel Sam sog langsam die Luft ein. „Nein, mein Herr. Du bist zwar ein heller Kopf, Junge, aber störrisch wie ein Esel. Du bleibst hier und wirst ein guter Farmer!"

Dann ging die Sonne unter. Die Welt sah plötzlich grau und schmutzig aus wie die Hügel jenseits des Flußes. Weit unten pfiff der Zug zweimal, der sich durch das Connecticut River Valley auf Boston zu kämpfte. Dwight wollte etwas sagen. Aber plötzlich strich er sein dichtes, schwarzes Haar zurück, wandte sich um und ging ins Haus.

So fuhr Onkel Samuel ohne ihn nach Boston zurück. Dwight blieb in dem engen Tal, das mit jedem Tag noch enger wurde. Eines Tages würde es ihm den letzten Atemzug rauben. Es war nicht nur das Holzhacken. Es war die Farm, und es war die Schule. Er hatte das Gefühl, ausbrechen zu müssen, um atmen zu können.

Eines Tages, als das Tal eine Woche lang nach Frühling geduftet hatte, hielt er es nicht mehr aus. Er packte ein zweites Hemd und eine Garnitur Unterwäsche ein, gab seiner Mutter einen Abschiedskuß und fuhr in die nächste Stadt, nach Clinton. Mit Boston konnte man sie zwar nicht vergleichen, aber sie lag auf der anderen Talseite, und das war schon etwas.

„Na, was halten Sie von Clinton?“ Der alte Zeitungsverleger, der ihn angestellt hatte, um Kuverts zu adressieren, neckte ihn jeden Tag mit der gleichen Frage.

„Boston ist’s auf jeden Fall nicht“, gab Dwight zur Antwort, ohne den Blick von seinen Kuverts zu wenden.

Der alte Mann zuckte die Achseln. „Und Sie sind weder Herr Lowell noch Herr Cabot. Vergessen Sie das nicht, Herr Moody, und bilden Sie sich nicht zuviel ein!“

Eines Tages herrschte vor dem Büro helle Aufregung. Dwight hörte empörte Stimmen. Der alte Verleger schrie alle an, die ihm über den Weg liefen. Dwight kümmerte sich nicht darum, sondern widmete sich lustlos seinem langweiligen Job. Die ewige Adressenschreiberei machte ihn krank, aber er tröstete sich mit dem Gedanken, daß Clinton nur eine Zwischenstation war. Eines Tages würde er schreiben: „Boston“.

„Moody!“ Der alte Verleger stand hinter ihm und stampfte mit dem Fuß auf den Boden. „Der Ausläufer, der gerade zurückkam, sagte mir, daß die Zeitungen falsch adressiert seien!“

Dwight starrte zuerst auf den Verleger, dann in seine Liste. „Hmm?“

„Alle Leute mit halben Nummern haben sich beschwert –“

Wovon in aller Welt sprach der alte Mann?

„Halbe Nummern?“ wiederholte er verständnislos.

„Ja – Walnußstraße 51½, Ringstraße 19½ …“

„Ach so, die! Die hab ich doch alle richtig angeschrieben – richtig beziffert.“

Der alte Verleger starrte ihn an. „Richtig beziffert?"

„Ja, ich hab sie addiert."

„Addiert!!!" schrie der Verleger.

„Ist denn 51½ nicht das gleiche wie 52?" erkundigte sich Dwight geduldig.

„Mensch Meier, 51½, da wohnt doch jemand. Da muß doch eine Zeitung hin!"

Verwirrt erkundigte sich Dwight: „Ja – gibt es denn halbe Häuser?"

„Noch nie was gehört von Mietshäusern?" Der Verleger wartete die Antwort nicht erst ab. „Geschieht mir recht. Da stelle ich so einen Dorftrottel ein, und was kommt dabei heraus? 51½ ist soviel wie 52! Na ja, ich hätte es mir ja denken können. Bauernjungen sind hoffnungslos. Moody, wir zwei sind fertig miteinander!"

Dwight fuhr mit den Fingern seinen Adressen nach, als ob das weiche Papier ihn trösten könne. Aber das Papier unter seiner Hand blieb flach und kalt. „Halbe Nummern", murmelte er dumpf. „Werden Sie mich wirklich wegen dieser paar Brüche auf die Straße stellen?"

„Einmal ein Bauer, immer ein Bauer – 51½ ist soviel wie 52! Was soll ich bloß mit einem solchen Hohlkopf anfangen?"

Die Hauptstraße von Clinton führt in zwei Richtungen: Zurück ins Connecticut-River-Tal und vorwärts nach Boston. An diesem Nachmittag stand Dwight lange auf der Straße und schaute zuerst in die eine, dann in die andere Richtung. Schließlich drehte er sich um und marschierte los – weg von Boston – zurück zur Farm.

2

Ob Dwight Bohnen pflückte oder Holz hackte, immer wieder hörte er das Pfeifen des Bostoner Zuges, der durch das grüne Tal ratterte und Northfield hinter sich ließ. Dann blieb er reglos inmitten seiner Bohnen sitzen oder senkte die Axt, bis auch der letzte, quälende Ton verklungen war. Er versuchte sich vorzustellen, was der Zug alles sehen konnte – sanfte Hügel, grüne Wiesen und Weideplätze, und am Ziel das hektische Treiben der großen Stadt. Als es ihm dann klar wurde, daß er sich von der Stadt, die er noch nie gesehen, ja überhaupt kein Bild machen konnte, war es ihm so, als würden die Berge immer näher kommen, bis sie schließlich ihn, die Farm und das ganze Dorf unter sich begruben.

An einem schönen Frühlingstag im Jahre 1854 legte er die Axt endgültig nieder. „Mir reicht's!" erklärte er seinem Bruder George. „Jetzt geh' ich weg." Er ging die Straße hinunter bis zur Bahnstation. Unterwegs traf er seinen Bruder Ed, der auf dem Weg nach Hause war. Der versuchte ihn mit allen Mitteln zum Bleiben zu bewegen, aber Dwight hörte nur mit halbem Ohr zu. Seine ganze Aufmerksamkeit galt dem Nachmittagszug, der ächzend und stöhnend durch das Tal fuhr.

Schließlich gab Ed auf. Er griff in seine Tasche, dann drückte er seinem Bruder fest die Hand. „Gott sei mit dir!" Überrascht betrachtete Dwight die fünf Dollar, die er nun in seiner Hand hatte.

Im Zug saß er steif wie ein Brett auf seinem unbequemen Sitz und fühlte sich reicher als je im Leben. Er hatte fünf Dollar in der Tasche und war auf dem Weg nach Boston. Der Zug ratterte durch das hügelige Land. Es war genau so, wie er es immer geträumt hatte. Rechts und links dehnten sich weite Felder und Wiesen, und sogar die Kühe waren fett und glücklich.

Er kurbelte das Fenster herunter und bildete sich ein, die frische, salzige Meerluft zu riechen, obwohl es noch über hundert Kilometer bis dorthin waren. Der Zug dampfte durch unbekannte Städte, die alle viel größer als Northfield waren. Er befand sich in einer fremden, neuen Welt. Immer wieder tastete er nach dem Fünfdollarstück, um sich zu vergewissern, daß es noch da war. Mit diesem Reichtum würde er es nicht nötig haben, jemanden um einen Job zu bitten – für den Fall, daß Onkel Sam im Augenblick nicht daran dachte, einen neuen Mitarbeiter einzustellen. Doch daran wollte er jetzt noch nicht denken. Gespannt wartete er auf den großen Augenblick, da der Zug in Boston einlief.

Der Weg vom Bostoner Nordbahnhof zu Holtons Schuhgeschäft in der Court Street zog sich endlos hin. Dwight stellte fest, daß er mindestens so lang war wie der Weg von den Weideplätzen bis zur Dorfkirche, nur bedeutend unbequemer. Das harte Kopfsteinpflaster machte ihm schmerzhaft klar, daß seine Schuhe für einen Stadtspaziergang viel zu dünne Sohlen hatten. Endlich aber kam es in Sicht – das Geschäft seines Onkels, dessen Wahrzeichen oben an der Türe hin und her baumelte.

Onkel Samuel war eben im Begriff, das Paket einer Kundin zu verschnüren, als sein Neffe hereinspazierte und sich an den Ladentisch lehnte. „Wie gehen die Geschäfte?“ fragte er forsch.

Der Onkel starrte ihn an. „Was machst denn du hier?“

Der Junge beugte sich leicht vornüber. „Boston besuchen, wie du siehst. Dachte, ich könnte zuerst mal meinem Onkel einen freundschaftlichen Besuch abstatten.“

Onkel Sam schluckte erst mal. Dann entgegnete er: „Nun, sieh mal, Dwight, wenn du glaubst –“

Dwight spielte mit den fünf Dollar in seiner Tasche. „Dachte, ich wolle dir meine Aufwartung machen, bevor ich keine Zeit mehr dazu habe. Willst du dich nicht erst mal nach der Gesundheit deiner Schwester erkundigen? Nun, Mama geht es gut. Auch George. Und Ed. Allen. Wir waren den Winter durch nie krank. Scheint ein gutes Erntejahr zu werden.“ Er hielt inne und schenkte dem Onkel ein breites Lächeln.

„Scheint zu werden – hör mal, Dwight, wenn du die Absicht haben solltest, hierzubleiben –“ Dwight berührte wieder seine fünf Dollar. Er brauchte keine Brille, um zu sehen, daß Onkel Sam kein bißchen erfreut war über seinen Besuch. Na gut, mit fünf Dollar in der Tasche war man ja nicht auf Gefälligkeiten angewiesen. Trotzdem rührte er sich nicht. Halb erwartete er, daß der Onkel seufzen, die Achseln zucken und dann endlich lächeln würde.

Aber der Onkel sah an ihm vorbei zur Tür hin. „Dwight, äh, ein Kunde. Geh weg ... hm ... wenn du ein wenig warten willst, ob –“ stotterte der gute Onkel irritiert. „Dein Onkel Lemuel wohnt ja auch hier in der Stadt, weißt du. Er wird sich bestimmt über deinen Besuch freuen.“ Dann wandte er sich mit einem breiten Lächeln der Kundin zu. „Womit kann ich dienen, gnädige Frau?“

Der Junge zog sich zurück. „In Ordnung, Onkel. Kümmere dich nicht um mich, ich geh ja schon!“ Er machte der Dame mit dem grünen Federhut Platz. „Ich dachte – ich wollte nur Grüße bringen von daheim, bevor ich – das heißt –“ stotterte er beschämt.

Aber der Onkel war schon hinter dem Ladentisch verschwunden, und Dwight hörte nur seine säuselnde Stimme: „Aber sicher, gnädige Frau, wir können schwarzes Leder für Sie beschaffen.“

Onkel Lemuel war bedeutend netter. Kleinlaut erklärte er, daß er leider nicht in der Lage sei, eine Hilfskraft wie Samuel einzustellen. Aber er könne bei ihm wohnen und essen, bis er Arbeit gefunden habe. Schließlich gab er seinem Neffen noch einen guten Rat: „Laß den Stolz beiseite und geh morgen früh zu Onkel Samuel. Frag ihn, ob er Arbeit für dich hat.“

Kost und Logis nahm Dwight gerne an, aber den guten Rat lehnte er dankend ab. Dann ging er zu Bett.

Am nächsten Morgen ging er zum Copley Square und fand ihn schöner als alles, was er bisher gesehen hatte – die Sonne spiegelte sich in der Fassade der Trinity Church, bis sie wie Marmor glänzte, und die großen Bürogebäude standen in Gruppen da wie schwatzende Bauern auf dem Marktplatz. „In dieser Stadt kann man es bestimmt zu etwas bringen“, dachte er, als er von dem großen Platz aus die Innenstadt vor Augen hatte. Dann marschierte er auf das erste Geschäftshaus los. „Die Leute hier wissen Bescheid“, dachte er und beobachtete einen Mann, der soeben einer Frau aus der hochrädrigen Kutsche half.

Dann begann die Suche nach Arbeit.

„Referenzen, mein Sohn?“

„Nun, Herr, da war ein Zeitungsverlag in Clinton –“

„Wie lange haben Sie dort gearbeitet?“

„Hm – eine Woche, Herr, und dann –“

„Tut mir leid, wir brauchen Leute mit Erfahrung.“

Alle Chefs rund um Copley Square stellten die gleichen Fragen. Am zweiten und dritten Tag steuerte er die Büros im Zentrum an. Auch hier die gleiche kühle Ablehnung.

„Schulen?"

„Ich ging in Northfield zur Schule und –"

„Abschluß wann?"

„Nun, ich habe eigentlich –"

„Tut mir leid, Junge. Wir sind ein altes, bekanntes Bostoner Geschäft und brauchen Herren mit gut fundierten Kenntnissen."

So ging das beinahe eine ganze Woche. Niemand hatte Arbeit für einen unerfahrenen jungen Mann vom Land. Onkel Lemuel wiederholte seinen guten Rat, aber Dwight wehrte eigensinnig ab. Nein, von Onkel Samuel wollte er keine Hilfe erbitten. Schließlich wußte der gute Onkel ja, daß er in der Stadt arbeiten wollte. Allmählich jedoch wurde er mutlos. Außerdem hatte sich während der letzten Tage auf seinem Hals ein Furunkel gebildet. Mit hochgeschlagenem Mantelkragen suchte er das Übel zu verbergen, als er von Büro zu Büro lief und nach Arbeit fragte.

Die Leute schmunzelten über ihn. „Woher kommt denn dieser komische Kauz?"

„Aus der Wildnis – so sieht er wenigstens aus."

„Der muß ja den Weg zu Fuß gemacht haben!"

Dwights fünf Dollar waren bedenklich zusammengeschmolzen. Trotzdem erklärte er Onkel Lemuel großspurig, daß er die Absicht habe, nach New York zu gehen. Dort gäbe es jede Menge toller Jobs. Aber der Onkel war nicht auf den Kopf gefallen.

„Um nach New York zu reisen, braucht man Geld, Dwight. Hast du denn genügend Dollar?"

„Ich kann ja marschieren. Fürs Essen hab ich noch genug."

Onkel Lemuel sank in den Lehnstuhl und starrte seinen Neffen ungläubig an. „Marschieren? Von Boston nach New York? Setz dich hin – ich muß mal mit dir reden, mein Junge."

Dwight lockerte den Kragen. Die Beule am Hals schmerzte. Er wußte ohnehin, was der Onkel sagen wollte.

„Weißt du, manchmal hat ein Mann Bescheidenheit nötiger als Stolz." Energisch schüttelte Dwight den Kopf. Der Furunkel verursachte ihm stechenden Schmerz. Mutlos ließ er den Kopf hängen. Der Onkel fuhr fort: „Ich meine jene Bescheidenheit, die zu Onkel Samuel geht und ihm sagt, man wolle gern den Schuhhandel erlernen – und ob der Onkel so nett wäre und einem dieses Handwerk beibrächte."

„Er weiß doch, daß ich hier bin", entgegnete Dwight störrisch. „Außerdem wird er nein sagen, wenn ich ihn darum bitte."

„Trotzdem solltest du es probieren."

„Ich will aber nicht."

„Dann mußt du zurück auf die Farm, Dwight. Ich sehe keine andere Möglichkeit für dich."

Trotzig lehnte sich Dwight vornüber. „Dann bleibt immer noch New York." Er brach ab und studierte schweigend die Linien seiner Hände. Nein, er wollte keine Schwielen mehr vom ewigen Holzspalten. „Farm" – das Wort sprang ihm von jedem goldgerahmten Bild in diesem Zimmer entgegen. Er stand auf, legte den Kopf auf die Seite, damit die Beule weniger schmerze und erklärte eigensinnig: „Ich will nicht. Lieber würde ich den ganzen Weg von Boston nach New York auf den Knieen zurücklegen, als Onkel Samuel um eine Gefälligkeit bitten."

Zwei Kunden waren vor Dwight im Geschäft, als er an den hölzernen Ladentisch trat. Erst als Onkel Samuel dem zweiten Kunden das Wechselgeld herausgab, schien er zu bemerken, daß sein Neffe vor ihm stand.

„Onkel Sam – ich komme – ich möchte etwas mit dir besprechen."

Onkel Sam verbeugte sich vor der Frau und überreichte ihr mit lächerlicher Geziertheit das Wechselgeld. Dann wandte er sich an seinen Neffen und fragte barsch: „Mit mir reden? Dachte ich mir's doch!"

„Es ist – nun –"

Aber Onkel Sam schaute wieder einmal hoffnungsvoll zur Tür. „Du mußt warten, Dwight. Kundschaft. Willst du überhaupt warten?" Die Frage hatte eine merkwürdige Färbung – als ob er ein „nein" als Antwort erwartete.

„Ich will warten, Onkel Samuel", erwiderte Dwight, die Augen auf den Ladentisch geheftet.

Dann trat er zur Seite und verzog sich in eine dunkle Ecke. Trübsinnig starrte er auf die Lederstapel, die genauso dufteten wie die Ställe, die er hinter sich gelassen hatte. Was war aus seinen hochfliegenden Träumen geworden? Niemand wollte ihn haben. Hier stand er nun, und der verletzte Stolz schmerzte heftiger als die Beule im Nacken. Vermutlich sagte sein Onkel nein.

Aber Onkel Sam sagte ja. Später, im Hinterzimmer mit all seinem Wirrwarr von Packpapier, Schnüren und alten Schachteln, brummte er etwas von Familienpflichten und daß er der armen, braven Betsy unter die Arme greifen wolle. Dann packte er seinen Neffen bei den Rockaufschlägen. Jedes Wort unterstrich er mit einem heftigen Stoß, und Dwights Mantelkragen riß die Beule wund.

„Du bist eigensinnig und frech, mein Lieber! Und wild wie ein junges Pferd. Um ehrlich zu sein – ich sehe dich nicht gern in meinem Geschäft. Das ist die bittere Wahrheit. Aber du bist mein Neffe, und da kann ich nicht anders. Aber hör gut zu, junger Mann! Entweder du parierst – oder du verschwindest!“

„Ich selbst werde eine Unterkunft für dich suchen. Du darfst abends nicht ausgehen, und ich werde dafür sorgen, daß du dich an meine Weisungen hältst. Du wirst jedes Vergnügen meiden, zu dem ich nicht meine ausdrückliche Einwilligung gebe. Und du gehst jeden Sonntag zur Kirche und in die Sonntagsschule. Hast du verstanden?“

In diesem Ton fuhr der Onkel fort, und zur Bekräftigung puffte und zog er an Dwights Rockaufschlägen. Gehorsam schwang der Junge im gleichen Rhythmus mit und wagte keinen Protest. Er wollte nicht zur Kirche gehen. Die Sonntagsschule war ein Schreckgespenst für ihn. Schließlich war er nach Boston gekommen, um die Stadt und ihre Eigenart kennenzulernen. Aber ein Weilchen würde er es aushalten – trotz dieser Enttäuschung.

Im Augenblick zählte nur eins: Er war in Boston, er hatte Arbeit, und er war auf dem Weg, etwas aus sich zu machen. Ja, vielleicht würde er sogar Millionär werden!

3

„Ausziehen! Sie drücken!“

Aus dem Hinterzimmer beobachtete Dwight seinen Onkel, der mit liebenswürdiger Miene wieder einmal nichts verkaufte. Verdrossen zog die Frau die Schuhe aus, und der Onkel nickte beflissen: „Natürlich, gnädige Frau. Sie haben recht, sicher. Sie müssen es wissen, gnädige Frau!“

Dwight wandte sich an seinen Kollegen, der auf dem langen Tisch Pakete verschnürte. „Natürlich, gnädige Frau! Sie haben recht, gnädige Frau!“ ahmte er seinen Onkel nach. „Er könnte nicht einmal an barfüßige Indianer Schuhe verkaufen!“

Der Verkäufer schnitt die Schnur ab. „Er macht es richtig, Moody. Ist schließlich sein Geschäft.“

Dwight war überzeugt davon, daß das Geschäft besser laufen und mehr abwerfen könnte, wenn man es richtig anpackte. Verkäufer mit geschliffener Zunge – das war es, was fehlte! Die Frau griff nach ihrem Schirm. Sie würde den Laden verlassen, ohne einen Cent ausgegeben zu haben. Dwight trat hinter dem großen Lederberg hervor und holte sie zwischen Tür und Ladentisch ein.

„Entschuldigen Sie, meine Dame – ich habe gehört, was der Chef Ihnen sagte.“

„Wie bitte?“ fragte die Dame überrascht.

„Nun, gnädige Frau, Ihnen gefallen doch diese Schuhe, nicht wahr?“ Er ließ ihr keine Zeit zur Antwort. „Machen sich doch hübsch im Schaufenster, nicht wahr?“ Die Worte glitten wie geschmiert von seiner Zunge. Nervös gestikulierte der Onkel hinter dem Ladentisch, aber die Frau nickte zustimmend.

„Die Machart gefällt Ihnen, nicht wahr?“

„Ja“, nickte die Frau und bewegte sich im Rückwärtsgang auf die Tür zu.

„Nun, gnädige Frau – ist es nicht jammerschade, auf das Vergnügen, diese reizenden Schuhe zu tragen, verzichten zu müssen, nur weil Ihre Füße zu groß sind?“

Nun trat Onkel Samuel energisch vor. „Junger Mann, die Schuhe sind zu klein!“

Amüsiert lächelte Dwight. „Man kann es ja auch so sagen. Nun, ich finde es jammerschade, daß Sie Ihren Freundinnen bekennen müssen, ich mußte auf die reizenden Schuhe verzichten, weil meine Füße zu groß sind!“

„Herr Holton!“

Der Onkel schwirrte durch den Laden. „Bitte, gnädige Frau –“

Dwights Redefluß plätscherte munter weiter. „Der Chef würde Ihnen bestimmt gern die Schuhe noch einmal zeigen. Probieren Sie sie doch – vielleicht passen sie beim zweiten Mal besser!“

Nun packte ihn Onkel Sam kräftig beim Arm. „Bitte tausendmal um Vergebung, gnädige Frau. Aber sehen Sie, der Junge ist neu – Dwight, geh sofort nach hinten!“

Was war das für eine Manier, einen Mann mitten im Geschäftsabschluß zu stören? „Aber Onkel, ich war gerade im Begriff –“

„Nach hinten, sage ich! Madam, er ist neu hier und weiß nicht –“

Aber die Frau war schon draußen. Ihr Schirm spießte einen imaginären Verkäufer auf, der sich ihr in den Weg zu stellen wagte. Die Tür schmetterte hinter ihr ins Schloß.

Was nun im Hinterzimmer des Holton'schen Schuhgeschäftes folgte, war nicht sehr erfreulich. Einiges verwunderte Dwight. Er gab zu, daß ihm der Verkauf der hübschen Schuhe nicht gelungen war. Die Frau schien sogar verärgert. Aber er betonte, daß er schon manchen Handel auf diese forsche Art getätigt hatte. Sicher, er war nicht imstande, die eine Ledersorte von der anderen zu unterscheiden. Aber er verkaufte Schuhe und schlug dem Onkel vor, die Abrechnungen nachzusehen, falls er irgendwelche Zweifel an seiner Tüchtigkeit hege. Er protestierte energisch gegen die Unterstellung, den Laden ruinieren zu wollen. Nein, er wollte vorwärtskommen, und zwar auf schnellstem Wege.

Als er sich abends um sechs auf den Heimweg machte, dachte er über die Schelte des Onkels nach. Der alte Mann konnte den Schmiß eines jungen Verkäufers gar nicht richtig einschätzen. Hatte er nicht geduldig hingenommen, daß der Onkel ihn auf seine Manier untergebracht hatte? Besuchte er nicht Kirche und Sonntagsschule, genau wie der Onkel es wünschte? Und war er denn abends nicht immer daheim? Wenn der Onkel das nachprüfen wollte, bitte, er konnte ja seinen Sonntagsschullehrer, Ed Kimball, danach fragen. Möglich, daß er weder der Angenehmste noch der Ruhigste in seiner Klasse war – aber jedenfalls saß er an jedem Sonntagmorgen an seinem Platz.

Er überquerte den freien Platz, der mitten in der Stadt lag. Wie konnten die Stadtväter hier diesen grünen Fleck stehen lassen, wo doch große Gebäude und Kopfsteinstraßen am Platz gewesen wären! Na, wenn er einmal reich wäre – der größte Schuhhändler in ganz Boston – würde er die Dinge ändern. Die Stadt ein wenig aufmöbeln. Mit diesen Gedanken beschäftigt, ging Dwight nach Hause. Man schrieb April 1856, und er war nun schon zwei Jahre in Boston.

Am 17. April brachte der Seewind Nebel und ein paar alte Möwen an Land. Die Luft roch nach gebranntem Kaffee, wie immer an feuchten Tagen. In Holtons Schuhladen kamen nur wenige Kunden. Gelangweilt lehnte sich Dwight an den Ladentisch und überlegte, ob er auf die Straße gehen und seine Schuhe ausrufen sollte. Diese etwas ungewöhnliche Methode schockierte die Leute zwar, hatte aber meistens Erfolg.

In diesem Augenblick deutete der zweite Verkäufer auf das Schaufenster. „Ein Kunde für Sie, Moody. Ich wette, er hält Ausschau nach Ihnen. Bitten Sie ihn doch herein!"

„Was? Wo denn?"

„Der magere Typ mit dem grauen Haar. Dort drüben steht er. Jetzt kommt er wieder vorbei."

Zuerst sah Dwight nichts als dichten Nebel. Dann entdeckte er den grauen Mann, der vor dem Geschäft auf und ab lief. Es war Ed Kimball von der Mount-Vernon-Kirche. Der war jedenfalls ein sicherer Kunde. Aber irgend etwas stimmte da nicht. Er kam weder herein noch ging er davon. Statt dessen lief er einmal, zweimal, ein drittesmal am Schaufenster vorbei. Hastig rief sich Dwight den vergangenen Sonntag ins Gedächtnis. Er konnte sich nicht erinnern, mehr als die übliche Unruhe in die Klasse gebracht zu haben.

Aber es war vielleicht doch ratsam, sich Arbeit im Hinterzimmer zu suchen, bis Ed Kimball den Zweck seines Besuches vergaß.

Flink und eifrig hantierte er mit dem braunen Packpapier, so daß er die Schritte hinter seinem Rücken nicht hörte. Plötzlich war er nicht mehr allein im Packraum. Er fühlte eine Hand auf seiner Schulter, fuhr herum und sah sich seinem Sonntagsschullehrer gegenüber.

„Wie geht's denn, Ed – äh, Herr Kimball!" Er suchte sich einzureden, daß er im Geschäft auf eigenem Grund und Boden stand und das Recht hatte, entsprechend behandelt zu werden. „Darf ich Ihnen ein paar Straßenschuhe zeigen?"

Kimballs Gesicht schien eingefallener als je zuvor, und seine Farbe wetteiferte mit dem Grau der Haare. Nicht das leiseste Lächeln war zu erkennen. „Nein, Dwight. Heute nicht. Ich – äh – heute möchte ich dir etwas anbieten."

Es war wohltuend, sich als Herr der Lage zu fühlen. Außerhalb des blödsinnigen, alten, kleinen Sonntagsschulzimmerchens, ohne Bibel in der Hand, schien Ed Kimball nicht mehr der gleiche Mann. Seit wann hat der Mensch nervöse Zuckungen? fragte sich Dwight. Ob er krank war?

„Wollen Sie mir etwas verkaufen?" fragte der junge Mann perplex.

„Nicht gerade verkaufen", entgegnete Ed, und seine Stimme versagte. „Ich – äh – ich meine – ich möchte dir etwas geben."

Was war denn los mit dem Mann?

„Wenn du es annehmen willst, natürlich. Hör zu, Dwight. Es stört dich doch nicht, wenn ich meine Hand auf deine Schulter lege?"

Auf diese Art würde er nicht unbedingt Schuhe verkaufen wollen. Die Hand auf Dwights Schulter räumte ihm unbestritten einen gewissen Vorteil ein. Dwight schüttelte den Kopf.

Die Hand auf seiner Schulter spannte sich. „Dwight, ich war nahe daran aufzugeben und wieder nach Hause zu gehen. Ich weiß, daß du von meiner Sonntagsschulklasse nicht viel gehalten hast. Ich muß vor Gott etwas bekennen – ich war auch nicht sehr begeistert, dich bei mir zu haben."

Das war es also! Wollte Ed ihm andeuten, daß er besser nicht mehr kommen solle?

„Deshalb, Dwight, bin ich hierhergekommen. Hier – äh – kann ich doch mit dir reden, ohne daß die anderen etwas davon merken."

„Wollen Sie mir etwas sagen?"

„Dwight – Gott hat dich lieb!" erklärte Ed Kimball plötzlich. „Sein Sohn Jesus ist für dich gestorben. Ich möchte gerne wissen, ob du das glaubst. Ich muß es wissen, bevor ein weiterer Sonntag vorübergeht."

„Wieso? Ich –"

„Und wenn du nicht sicher bist, möchte ich dir helfen, die Wahrheit zu erkennen. Es gibt da ein Wort in der Bibel – ich hab' die Bibel mitgebracht." Die Hand zog sich endlich von Dwights Schulter zurück und begann in der linken Westentasche zu suchen.

Es war komisch, mit dem Packpapier dazustehen, den scharfen Geruch des Leders einzuatmen und über geistliche Dinge zu spechen. Noch vor wenigen Augenblicken hatte er über Schuhe nachgedacht, und nun konfrontierte ihn Ed Kimball mit Gott. Dabei hatte er immer gedacht, daß die Sonntagsschule der Ort wäre, an dem man über solche Dinge redete. Und doch – merkwürdigerweise verstand er hier am Packtisch viel besser, was Ed Kimball meinte, als es je in der Sonntagsschule der Fall gewesen war.

Es hatte keinen Sinn, höflich zu sein. Er zog es vor, weniger höflich und dafür ehrlich zu sein. „Tja, sicher", gab er zur Antwort. „Ich glaube, was Sie sagen. Es hat mich noch nie jemand so direkt gefragt, deshalb hab' ich mir keine Gedanken darüber gemacht. Aber jetzt, als Sie mich fragten – da ging mir auf – nun, ich kann nichts anderes sagen, als daß ich glaube, daß Jesus für meine Sünden gestorben ist."

Das Gesicht des Mannes fiel zusammen. Schweißperlen standen ihm auf der Stirn. Aber Dwight fühlte sich plötzlich glücklich, voller Licht und innerer Freude. „Natürlich glaube ich, daß Jesus Christus am Kreuz für meine Sünden gestorben ist. Wissen Sie was, Ed?" Nun war er es, der die Hände auf die Schultern des Lehrers legte. „Von nun an werde ich versuchen, nach meinem Glauben zu leben. Wie ein Christ. Sie können mich beobachten."

An diesem Abend, als er wie immer über den freien Platz nach Hause ging, dachte er an den Besuch von Ed Kimball. Nein, er bereute nicht, daß er frei von der Leber weg gesprochen hatte. Immer noch trug er das neue Licht in sich. Am Rande des Platzes, dort, wo er zum Fluß abfiel, hörte er einen Vogel singen. Merkwürdig, nie zuvor hatte er hier einen Vogel gehört. Oder er hatte nicht darauf geachtet.

Am folgenden Morgen rief ihn der Onkel ins Hinterzimmer. „Sag mal, hab' ich gestern nicht Ed Kimball hier gesehen?" erkundigte er sich neugierig. Dabei schob er dem Jungen einen vollen Schuhkarton hin. „Da – kannst die Schuhe auspacken, während du redest." Dann richtete sich der Onkel zu seiner vollen Größe auf. „Es gibt doch nicht etwa Ärger? Ich meine – hast du was ausgefressen?"

Dwight gab keine Antwort. Er beugte sich tief über den Karton.

„Na, heraus mit der Sprache! Was wollte er hier?"

„Er hatte etwas auf dem Herzen", lautete die vage Antwort.

„Junger Mann, falls du Unfug treiben solltest mit diesen netten Leuten aus der Kirche –"

Nun endlich, beinahe vergraben in dem hohen Schuhkarton, berichtete Dwight verlegen, was es mit Ed Kimballs Besuch auf sich gehabt hatte.

Der Onkel strahlte. „Gut, Dwight, gut! Das ist eine gute Nachricht! Dann wird sich hier einiges verändern."

Unsicher lächelte Dwight. „Kann ich mir gar nicht vorstellen."

„Nun – was wirst du jetzt tun?"

Erstaunt echote Dwight: „Tun?"

„Ich meine – nach dieser Entscheidung."

„Erwartet man denn etwas von mir?"

Langsam verschwand das Strahlen aus dem Gesicht des Onkels. „Hast du mit Ed über deine Mitgliedschaft in der Kirche gesprochen?"

„Nein", entgegnete Dwight.

„Nein!"

„Ich wußte doch nicht, daß das dazugehört", entschuldigte sich Dwight. Sich der Kirche anschließen? Er hatte gesagt, er wolle leben wie ein Christ. Die Kirche hatte er mit diesem Gedanken nicht in Verbindung gebracht.

Aber der Onkel wollte sofort eine Antwort haben. „Na gut, ich kann ja mit dem Pfarrer reden, wenn ich ihn das nächste Mal sehe", erklärte Dwight bedächtig. „Ich sag ihm, daß er mich als Mitglied eintragen könne."

„So schnell geht das auch wieder nicht!" lachte der Onkel. „Zuerst müssen die Gemeindeältesten dich sehen."

„Die Ältesten?" Dwight verschwand wieder im Karton, um ein weiteres Paar Schuhe ans Tageslicht zu befördern. „Die sehe ich am Sonntag. Ich sehe sie jeden Sonntag."

Aber Onkel Sam hatte noch mehr Schwierigkeiten auf Lager. „Du redest wie ein dummer Bauernjunge,

Dwight Moody“, wies er den Neffen zurecht. „Du wirst die Ältesten sehen, wenn sie dich zu sich kommen lassen, nicht vorher. Sie werden dir ein paar Fragen stellen. Und sie erwarten von dir klare Antworten, keine faulen Sprüche. Du wirst sie davon überzeugen müssen, daß du reif genug bist, um in die Gemeinde aufgenommen zu werden.“

Dwight lächelte verstohlen in den Schuhkarton hinein. Seit er hier arbeitete, hatte er noch nie Schwierigkeiten gehabt, den Leuten seine Meinung aufzuschwatzen. Sollten die Ältesten der Kirche da eine Ausnahme bilden?

4

Der Gemeindeälteste, der in der Ecke des kleinen Sofas saß, war so häßlich wie die Nacht. Der zweite, der neben dem Kamin stand, erinnerte Dwight an einen geknickten Getreidehalm – mit seiner hinaufgerutschten, halboffenen Weste und den mageren Schultern. Der dritte, der neben der Tür stand, schob ununterbrochen seine Uhrkette auf und nieder, so daß Dwight ihm am liebsten gesagt hätte: „Wir wissen, daß sie aus echtem Gold ist. Jetzt können Sie sie wieder einstecken."

Das also waren die Ältesten der Mount-Vernon-Kirche. Dwight war überzeugt, daß er von ihnen nichts zu befürchten habe.

Erleichtert lehnte er sich auf seinem Stuhl zurück. Zwei Stuhlbeine quietschten auf dem polierten Fußboden, die anderen zwei streckten sich in die Luft. Die Hände in den Taschen vergraben, überlegte Dwight, daß dies geradezu ein gemütlicher Abend werden könne, wenn jetzt noch jemand käme und im Kamin Feuer anmachte, um den Modergeruch von den Wänden zu vertreiben.

„Dwight Moody, Sie bewerben sich bei diesem Gremium um die Mitgliedschaft in unserer Kirche."

„Ja, mein Herr", nickte Dwight. Die Stuhlbeine quietschten das Echo dazu.

Die Fragen wurden von dem Mann mit der goldenen Uhrkette gestellt. „Sie wollen heute vor uns Ihr Examen ablegen?"

„Ja, Herr." Quietsch, quietsch.

Der Älteste auf dem Sofa runzelte die Stirn und seufzte. Quietsch, quietsch.

„Nun denn, Herr Moody, wollen Sie bitte antworten –". Quietsch, quietsch.

Der Älteste auf dem Sofa wand sich wie ein Aal. „Herr Vorsitzender", bat der Mann weinerlich, „dürfte ich eventuell vorschlagen, daß sich Herr Moody aufrecht in seinen Stuhl setzt und dessen vier Beine auf dem Boden läßt?"

„Hä?" fragte Dwight.

„Der Lärm stört." Nun waren die Falten in seinem Gesicht nicht mehr schlaff, sondern streng und hart. „Was für ein kleinlicher alter Pedant!" dachte Dwight und ließ die Stuhlbeine mit einem letzten „Quietsch" zurückfallen.

Die goldene Uhrkette schwang hin und her wie ein überlastetes Pendel. „Herr Moody, wollen Sie bitte die folgenden Fragen kurz und ehrlich beantworten."

„Aber sicher."

„Sie wissen, daß Sie ein Sünder sind?"

„Mmh."

„Sie haben für Ihre Sünden Buße getan und wissen, daß Sie jetzt Vergebung brauchen?"

„Äh – mh."

Der Vorsitzende leierte weiter: „Und diese Vergebung ist nur durch Jesus Christus zu erlangen?"

Dwight atmete erleichtert auf. Hier mußte man nichts befürchten. Die Fragen waren ja kinderleicht. Langsam kippte er den Stuhl wieder zurück. Ein Blick des stiernackigen Mannes veranlaßte ihn, wieder auf vier Stuhlbeinen zu sitzen.

„Sie lieben die Heilige Schrift und lesen sie getreulich?"

Natürlich.

„Sie beten?"

Ja, das tat er.

Nun wandte sich der Vorsitzende an die anderen. „Mir scheint, daß dieser junge Mann zwar gesund im Glauben, aber noch sehr jung an Erfahrung ist. Denken wir daran, er zählt erst achtzehn Jahre."

„Die Lehre ist natürlich auch wichtig." Dwight überlegte, ob der Mann in der Ecke eben ein Nickerchen gemacht hatte.

„Ja, wir sollten uns jetzt mit der Lehre befassen. Herr Moody, was hat Christus für Sie, für uns alle getan, daß er ein Anrecht auf unsere Liebe und unseren Gehorsam hat?"

Diese Frage, die weder mit ja noch mit nein beantwortet werden konnte, brachte den jungen Mann aus der Fassung. Darauf war er nicht vorbereitet. Er versuchte, sich sämtliche Sonntagsschullektionen in Erinnerung zu rufen, aber das einzige, was ihm einfiel, war Moses in der Wüste.

„Haben Sie die Frage verstanden, Herr Moody?"

Er schluckte. Vielleicht war Offenheit der beste Weg? „Ich habe sie verstanden. Ich weiß nur nicht, was ich dazu sagen soll. Ich denke, daß er ziemlich viel für alle Menschen getan hat, aber ich wüßte nichts, das er speziell für mich getan haben sollte."

Der stierköpfige Diakon stand so geräuschvoll auf, als ob er in einem Wespennest gesessen hätte. Der Bohnenstangen-Diakon knöpfte kopfschüttelnd seine Weste zu. Der Vorsitzende sah zuerst den einen, dann den anderen an. Plötzlich redeten alle drei gleichzeitig.

„Hm, Herr Moody, habe ich Sie richtig verstanden? Sie sagten –"

Aber der Stierköpfige ließ ihn nicht zu Ende reden. „Der Junge ist noch nicht bereit. Habe ich euch doch gleich gesagt. Brechen wir die Prozedur ab. Reine Zeitverschwendung.“

Nicht einmal, als der Prüfer ihn zur Tür begleitete, wußte der junge Moody, was er verbrochen hatte. Er wußte nur, daß er falsch geantwortet hatte, daß er den Bostoner Ansprüchen nicht genügte und daß man ihm keine Gelegenheit gegeben hatte, sich irgendwie herauszureden. Er wußte aber auch, daß sein Gespräch mit Ed Kimball im Schuhgeschäft nicht das geringste mit diesem Interview hier zu tun hatte.

Erst als er beinahe daheim war, wunderte er sich über diese Art Rechtsprechung. Und als die Tür seines Zimmers hinter ihm ins Schloß fiel, fragte er sich, was er nun dem Onkel erzählen sollte.

Als Onkel Samuel hörte, daß die Mount-Vernon-Kirche Dwight Moody als untauglich zur Mitgliedschaft erklärt hatte, wurde er zornig. Zuerst wetterte er über die Ältesten, nannte sie reiche Beacon-Hill-Snobs und zweifelte an ihrem Christentum. Schließlich wandte er sich an seinen Neffen.

„Du mußt sie beleidigt haben“, erklärte er verärgert. „Hast vielleicht zu lange oder zu laut gesprochen oder hast die Füße auf den Tisch gelegt. Oder hast du sonst etwas getan, das deine schlechten Manieren zeigte. Die Lehrfrage ist nur eine faule Ausrede.“ Traurig blickte ihn der Onkel an. „Das wird doch hoffentlich nichts an dem ändern, was du Ed Kimball versprochen hast?“

Im Grunde genommen machte es Dwight beinahe nichts aus. Ja, er wollte zur Kirche gehören, das hatte er sich in den Kopf gesetzt – es war, als ob er sich vorgenommen hätte, seinen eigenen Verkaufsrekord zu brechen. Er war überzeugt davon, daß der Tag kommen würde, an dem man ihn aufnahm. Die Ältesten hatten ihn zwar verletzt, aber nicht lebensgefährlich.

Außerdem war er zu beschäftigt mit dem Schuhverkauf. Er wußte, daß er Christ war, und er wußte auch, daß die Ältesten das irgendwann erfahren würden. Mittlerweile wollte er sein Glück machen – und das hatte kaum etwas zu tun mit kirchlicher Mitgliedschaft oder mit dem, was er Ed Kimball erzählt hatte.

Ein geschäftiger Sommer war zu Ende. Es gab neues Importleder, und die Bostoner konnten es sich leisten, gutes Geld für moderne Schuhe auszugeben. Wenn Dwight einen Kunden überredete, mehr hinzublättern, als er ursprünglich beabsichtigt hatte, dann tat er das meistens, wenn der Onkel auf Reisen war, um den Lagerbestand zu ergänzen. Seine Verkaufsziffer stieg von Monat zu Monat.

Im Oktober bewarb er sich erneut um die Mitgliedschaft in der Kirche. Diesmal konnte er die Fragen höflich beantworten und ließ die Stuhlbeine hübsch am Boden. Als die Prüfung zu Ende war, ging der Vorsitzende auf ihn zu. „Gut, junger Mann. Wir freuen uns, Ihnen sagen zu dürfen, daß Sie bestens vorbereitet sind, um Mitglied in der Mount-Vernon-Gemeinde zu werden."

„Danke", entgegnete Dwight bescheiden. „Ich freue mich sehr darüber."

„Wir glauben, daß Sie ein gutes Mitglied sein werden. Noch eins, mein Sohn: halten Sie sich nicht im Hintergrund, nur weil sie jung sind."

Dwight grinste. „Keine Bange. Hab mich noch nie im Hintergrund gehalten!"

Schon seit längerer Zeit hatte er regelmäßig an den Gottesdiensten teilgenommen und sich in der Gemeinde wohlgefühlt. Er besuchte auch die Gebetsversammlungen am Mittwochabend, ohne daß der Onkel ihn dazu gedrängt hätte. Als er dann Mitglied der Gemeinde wurde, saß er Woche für Woche in der vordersten Reihe. Er wußte, daß er nun das Recht hatte, Zeugnis abzulegen, und war überrascht, weil er so viel zu sagen wußte.

„Freunde, als ich dort hinten saß, dachte ich, ich müsse die erste Pause benützen, um aufzuspringen und zu sagen, was ich auf dem Herzen hatte. Mir scheint, daß es mit der Erlösung so ähnlich ist wie mit dem Schuhverkauf." Er bemerkte in den hinteren Reihen spöttische Mienen und fuhr fort: „Ich sehe, daß ein paar von Ihnen glauben, ich sei nicht richtig im Kopf. Aber laßt mich erklären, wie ich es meine. Ich verkaufe nämlich eine Unmenge Schuhe, deshalb muß ich es wissen. Manchmal drückt ein Schuh, und das bedeutet, daß der Fuß darin zu groß ist. Ich glaube, daß ein paar Damen unter uns sind, die davon ein Lied singen könnten – genau wie ich."

Er vermutete, daß die mürrische Frau mit der Knollennase dies gar nicht gern hörte, aber schließlich wußte ja niemand im Saal, daß er von ihr sprach. Je mehr er über seine These nachdachte, desto besser gefiel sie ihm. Munter fuhr er fort: „Genauso wie ein Fuß, so kann auch der Stolz eines Menschen zu groß sein. Und wenn der Stolz einen zu großen Platz einnimmt, dann fällt es schwer, Gottes Heil anzuziehen." Er mußte zwischendurch einmal Atem schöpfen. „Oder vielleicht ist der Schuh nicht schön genug ..."

Das war ein anderer faszinierender Gedanke. Es war wunderbar, hier zu stehen und zu den Leuten zu reden. Etliche runzelten zwar die Stirn, als ob sie ihm nicht mehr zuhören wollten. Nun, dann sprach er eben etwas lauter. „Viele von den Damen, die heute abend hier sitzen, kommen ins Geschäft und erklären: ‚Herr Moody, ich hätte gern einen besonders hübschen Schuh.' Dann antworte ich gewöhnlich, daß

Leder eben Leder sei – und so ist es auch mit Gottes Heil. Es ist klar und deutlich –“

Manchmal dauerten seine Zeugnisse zehn, oft auch fünfzehn Minuten. Das unwillige Gemurmel seiner Zuhörer drang nicht bis an sein Ohr.

„Wie lange macht denn dieser unmögliche Kerl noch so weiter?“

„Man müßte unbedingt eingreifen –“

„Bevor er die Gemeinde ruiniert –“

Das Geflüster sickerte durch bis zu Onkel Samuels Laden. Er mußte nicht einmal die Ohren spitzen, um es zu hören. Eines Tages stand eine seiner alten Kundinnen vor dem Ladentisch und erklärte: „Sam, ich weiß, daß man von einem Neubekehrten allerhand zu erwarten hat. Aber dein Neffe benimmt sich unmöglich.“

Samuel Holton warf einen schnellen Blick nach hinten, wo Dwight gerade das Inventar aufnahm. Er flüsterte: „Na ja, Dwight und ich sind nicht immer gleicher Meinung. Aber der Junge meint es ehrlich.“

Die alte Kundin versuchte gar nicht erst, taktvoll zu sein. „Daran zweifle ich nicht. Ich spreche von seinem Auftreten. Sam, in unseren Versammlungen sitzen Universitätsprofessoren, Bankiers und andere kluge Leute. Und dieser Grünschnabel schwatzt und faselt drauflos. Er ist sehr ungehobelt, Sam.“

„Tja – genauso verkauft er seine Schuhe!“

„Mir könnte er auf diese Weise nichts verkaufen“, bemerkte die Dame spitz und drehte sich um. „Schuhe sind nicht Religion. Er bringt diese beiden Begriffe dauernd durcheinander.“

„Was kann ich dafür?“ entschuldigte sich der Onkel. „Ich kann ihn nicht gut wegschicken. Hab' schließlich Verpflichtungen meiner Schwester gegenüber.“

„Du wirst sicher einen Weg finden, diesen Unfug abzustellen, Sam.“ Die Dame stolzierte auf die Tür zu, streifte im Vorbeigehen ein Paar Stiefel mit begehrlichem Blick und fuhr eindringlich fort: „Tu etwas, Sam. Und zwar schnell! Zum Besten der Mount-Vernon-Kirche und …“ – ihr Blick liebkoste die Stiefel – „aller Betroffenen. Dwight Moody hat in den öffentlichen Versammlungen zu schweigen. Und zwar ein für allemal!“

5

Als Dwight am folgenden Morgen zur Arbeit ging, pfiff er den ganzen langen Weg vergnügt vor sich hin. Im Geschäft ließ er die Tür mit lautem Krach ins Schloß fallen. Mit Genugtuung nahm er den Lärm zur Kenntnis. Jedermann sollte wissen, daß er angekommen war und sein Tagewerk begann.

„Prächtiger Tag heute, Onkel Sam!“ begrüßte er den Onkel. „Gerade vorhin sagte jemand zu mir, daß es beinahe schon Sommer sei.“

„Dwight Moody, ich hab dir auch etwas zu sagen, und zwar folgendes: Halt den Mund und werd’ vernünftig. Und zwar bevor der Sommer kommt!“

Dwight blieb verdutzt stehen. Was fehlte dem Onkel? Hatte der gute Mann Verdauungsbeschwerden?

„Dwight, dein loses Mundwerk wird mein Schuhgeschäft noch ruinieren!“

Etwas Schlimmeres als eine Verdauungsstörung steckte hinter diesem Rüffel. Verdattert wollte er ins Hinterzimmer schleichen, aber der Onkel hielt ihn zurück.

„Gestern, kurz vor Ladenschluß, hatte ich Besuch. Eine Frau aus der Mount-Vernon-Kirche. Eine respektable Dame, mit Pelz, Juwelen und sanfter Stimme. Sie hat sich über dich beklagt.“

„Kann mich nicht erinnern, daß ich eine Mount-Vernon-Dame geärgert hätte.“

Der Onkel trat hinter dem Ladentisch hervor. Seine Stimme schwoll bedenklich an. „Sie kam nicht wegen der Schuhe. Hör zu, Dwight. Sie sagte, du habest in der letzten Gebetsversammlung Unfug getrieben. Sie sagte weiter, daß du dich an den letzten Mittwochabenden vor der ganzen Gemeinde lächerlich gemacht habest!"

Was für eine verrückte Geschichte hatte da jemand über ihn erzählt? Und warum? Am letzten Mittwoch hatte er sich genauso gut benommen wie jeder andere. Er hatte sogar seine Schuhe geputzt, bevor er zur Kirche gegangen war. Ganz klar erinnerte er sich – er hatte sogar Zeugnis gegeben.

„Hör zu, Dwight! In der Kirche gibt's eine Menge netter Leute. Gebildet, kultiviert, gut erzogen. Bessere Gesellschaft sozusagen. Die wollen nicht dort sitzen und einem einfachen Bauernjungen zuhören."

Wollte der Onkel damit sagen, daß die Leute seine Zeugnisse nicht mochten? Aber er war doch Gemeindemitglied mit einer guten geistlichen Erfahrung. Das hatten ihm die Ältesten ausdrücklich bestätigt. Und jetzt wollte man ihn zum Schweigen verurteilen – vielleicht wegen seiner Kleider oder wegen der Art und Weise, in der er das „a" aussprach? Er betrachtete die schweren Schuhe, die vor ihm auf dem Boden lagen, und hatte das Gefühl, sie trampelten auf seinem Herzen herum. Er steckte die Hände in die Taschen und schaute dem Onkel frei ins Gesicht.

„Dafür muß ich mich nicht entschuldigen. Eine Gebetsversammlung ist auch zum Reden da – oder etwa nicht?" fragte er eigensinnig.

„Nicht für deine Art zu reden. Mach das nicht noch einmal, hörst du? Willst du mein Geschäft ruinieren? Merkwürdige Dankbarkeit, muß ich schon sagen. Ich hab dich frisch von der Farm weg genommen, und jetzt verjagst du mir meine Kunden!"

„Ich hab nichts getan, um dein Geschäft zu ruinieren, Onkel Samuel", erwiderte sein Neffe kleinlaut.

„Ich hab nur getan, was Ed Kimball mir geraten hatte. Du und die anderen, ihr seid doch froh darüber gewesen. Ich bin jetzt Kirchenmitglied. Es ist so natürlich wie das Schwimmen im Wasser, wenn ich bei den Gebetsversammlungen Zeugnis gebe. Alle tun das! Wenn ihnen mein Stil nicht gefällt, kann ich ihn ja ändern."

Niedergeschlagen hängte er die Jacke auf. Die Freude war weg, und seine Nase juckte von dem beißenden Geruch des Leders.

Glücklicherweise ging das Geschäft so gut, daß er kaum Zeit fand, über das Gehörte nachzudenken. Vorsichtshalber wich er jeder feinen Dame aus, die eventuell auf Beacon Hill wohnen könnte.

Am Mittwochabend klopfte er mit den Füßen den Takt zu den lebhaften Rhythmen. Als der Moment zum Zeugnisgeben gekommen war, hielt ihn nichts mehr auf dem Stuhl. „Alles, was wir tun, kann uns in Gottes Augen nicht gut machen. Wir alle sind verloren – bis wir Jesus Christus in unser Herz aufnehmen. So sehe ich es, und genau das gleiche sagte mir jemand dieser Tage im Geschäft."

Am nächsten Mittwoch und auch am übernächsten erinnerte sich Dwight an eine Begebenheit im Schuhladen, die unbedingt erzählt werden mußte. So sprang er auf und redete. Als er später die Ältesten miteinander flüstern hörte, wußte er, daß seine Worte diesmal noch schärfer geklungen hatten.

Etwa einen Monat später ließ ihn der Pfarrer von Mount Vernon, Dr. Edward Kirk, rufen. Dwight hatte noch nie so viele Bücher auf einmal gesehen, wie hier in Dr. Kirks Büro. Der Pfarrer spielte mit dem Federkiel. „Dwight, ich möchte mit dir reden. Ich will niemanden entschuldigen, und ich habe auch nicht die Absicht, dich zu schelten. Aber du weißt, was ich dir sagen möchte?"

Mit finsterer Miene saß Dwight auf seiner Stuhlkante. Wenn Dr. Kirks Stimme nicht so sanft geklungen hätte, würde er sich verteidigt haben. So aber nickte er nur.

„Mount Vernon ist eine Kirche für die ‚bessere Gesellschaft'. Viele unserer Mitglieder wohnen auf Beacon Hill und haben eine Menge Geld. Vielleicht mehr, als sie haben sollten. Aber diese Leute sind alteingesessene Bostoner, mein Junge. Du weißt nicht, was das heißt, denn du bist nicht aus Boston."

„Deswegen sind sie nicht besser als andere."

Dr. Kirk fuhr fort. „Diese Leute lieben gediegene Orgelmusik, farbige Glasfenster, tadelloses Englisch und eine kultivierte Stimme. Sie lieben ihre Religion, sie sind Christen, aber sie haben gewisse Vorstellungen von ihrem Gottesdienst."

Dwight sank in sich zusammen. „Was soll ich tun?"

„Ich möchte, daß du diese Leute respektierst, Dwight." Die Federspitze spielte wieder mit den Papieren.

Der junge Mann richtete sich kerzengerade auf. Dr. Kirks besänftigende Stimme hatte ihn irregeführt. Er hatte gedacht, dieser Mann verstünde ihn. „Diese Leute respektieren!" Dwight explodierte.

Dr. Kirk betrachtete ihn freundlich – sogar liebevoll. Trotzdem sagte er bestimmt: „Du sollst sie so sehr respektieren, daß du deine Zeugnisse anders formulierst. Dwight, bitte, versteh mich recht! Ich möchte nicht, daß du die ganze Zeugnisversammlung am Mittwochabend an dich reißt. Und wenn du sprichst, dann bitte schrei nicht!" Nun warf der Pfarrer die Feder hin und lehnte sich im Stuhl zurück. „Außerdem – ich finde, du solltest deine Geschichten auf eine pro Abend einschränken."

„Das hat mir mein Onkel auch schon gesagt."

„Ach ja? Nun, das wäre der richtige Weg."

„Die Bostoner haben Ihnen auch den Marsch geblasen, wie?" erkundigte sich der junge Mann.

Dr. Kirk schüttelte den Kopf. „Ich respektiere sie. Wenn ihr Verhalten ein Teil ihres Lebens ist, dann will ich –"

Aber Dwight unterbrach ihn. „Pah! Sie wollen tun, was sie schon immer getan haben. Das ist ihr Problem!"

„Dwight, ich bitte dich!"

„Ich sag' Ihnen was, Dr. Kirk. Für mich ist der Fall klar. Ich hab die Bostoner bis obenhin satt und weiß nicht, wie lange ich sie noch ertragen kann.

Er gab sich nicht die geringste Mühe, höflich zu sein. Nachdem er seinem Ärger Luft gemacht hatte, verließ er das Studierzimmer des Pfarrers. Erst auf dem Heimweg ging ihm auf, was er da gesagt hatte. Zuerst erschrak er über seine Kühnheit, aber dann ging ihm auf, daß er eigentlich schon lange so gedacht hatte. Er hatte versucht, Boston zu lieben, aber von Anfang an war es ihm schwergefallen.

Er erinnerte sich an ein Kalb, das sie auf der Farm hatten. Jedesmal, wenn die Tiere auf die Weide gingen, tanzte es aus der Reihe. Ja, und er war genauso.

Man konnte nicht Schuhe verkaufen, wenn man in einer Ecke stand und grübelte. Dwight verkaufte gern Schuhe. Es war ein wunderbares Gefühl, den Kaufpreis zu kassieren und den Kunden zufriedenzustellen. Er war jedesmal glücklich, wenn er wußte, daß seine Überredungskunst das Geschäft zustandegebracht hatte.

Das Geschäft existierte seit achtzehn Jahren – genau so lange, wie Dwight lebte. Er träumte sogar davon, wachte morgens auf mit neuen Ideen für eine Schuhausstellung zum Beispiel. Er hatte immer neue

Ideen und wollte sie natürlich auch ausprobieren. Eines Morgens, als Onkel Samuel ausgegangen war, arrangierte er eine Schuhausstellung, wie man sie in dem Laden an der Court Street noch nie gesehen hatte. Er fegte die schwarzen Stiefel auf einen Haufen, dann stellte er Schuhe und Stiefel nach Größe und Kontrastfarben geordnet auf das Brett.

Als er fertig war, trat er einen Schritt zurück und bewunderte sein Werk. Er gab dem anderen Angestellten einen Puff, damit er seine Arbeit auch bestaune. „Gefällt es dir?“

„Oh – diese Seite des Ladens ist nicht wiederzuerkennen“, gab der andere zur Antwort. „Ich frage mich nur, was dein Onkel dazu sagen wird.“

„Pah!“ Dwight zuckte die Achseln. „Das nennt man einen guten Blickfang!“

Er trat noch weiter zurück, um einen besseren Überblick zu haben. Plötzlich legte sich eine schwere Hand auf seine Schulter. „Dwight Moody, was hast du aus meinem Schuhgeschäft gemacht?“

Zuversichtlich entgegnete Dwight: „Gefällt es dir, Onkel Samuel?“

Dwights Kollege brummte: „Es war seine Idee, Herr Holton.“

„Das muß man mir nicht sagen.“ Onkel Sams Stimme zitterte.

„Nun, Onkel Samuel, tritt einmal zurück, dann siehst du es besser.“

„Ja, ich stell mich hierhin – und du nimmst die Leiter und holst diesen Schuhsalat sofort herunter!“

„Aber –“

„Hopp – auf die Leiter!“

„Aber das ist doch wirklich eine wunderbare Sache – Stiefel und Schuhe schön beisammen, damit die Leute alles sofort überblicken können.“

„Du bist ein dickköpfiger Bauernschädel, Dwight Moody – hast nichts im Kopf als Dummheiten. In Boston wollen die Leute keinen Mischmasch von Stiefeln und Schuhen sehen. Also – auf die Leiter, aber dalli!“

Aber Dwight stieg nicht auf die Leiter. Er packte den rauhen Holzsteg so fest, daß sich die Späne in seine Handflächen bohrten. Er war wütend. „Die Leute wollen das nicht – in Boston geht das nicht – in Boston, wo jede neue Idee erst ankommt, wenn sie hundert Jahre alt ist!“

„Jetzt reicht's mir aber, junger Mann!“

Dwight kochte. Er wollte seine Wut gar nicht zurückhalten. „In Boston! Wo jeder immerzu nach hinten schaut statt vorwärts. Wo jeder so steif ist wie ein zugefrorener See – bloß doppelt so kalt!“

„Geh ins Lager, Dwight! Dort wirst du eine Woche lang arbeiten.“

„Nicht so laut – du mußt flüstern. Flüstern, hörst du?“ spottete Dwight. „Es könnten ein paar nette Leute zuhören. Mach ja nichts anders als die anderen, Dwight. Das ist Boston!“

„Geh nach hinten!“

Er ging. Aber unterwegs warf er dem Onkel noch an den Kopf: „Ich sage dir, ich bin krank und müde von diesem Boston! Eines Tages werde ich eine Stadt finden, in der die Leute gern lachen und wo es ihnen nichts ausmacht, wenn einer laut redet. Eine Stadt, in die ich passe – in der Ideen von morgen ebenso gefragt sind wie die verstaubten Einfälle von gestern. Und wenn ich gehe, werde ich schnell gehen, darauf kannst du dich verlassen!“

Als er nachts im Bett lag, lauschte er wieder auf das Rollen der Züge – wie damals auf der Farm. Die Züge fuhren nach Westen. Sie hielten nicht in dem kleinen

Northfield. Nein, sie ratterten weiter. Und in Gedanken fuhr er mit in die Stadt am Ufer des Michigan-Sees, nach Chikago.

Seine Phantasie führte ihn nun Nacht für Nacht westwärts, nach Chikago, denn plötzlich wußte er es genau: Boston – oder zumindest das, was er von Boston kannte – war zu klein für ihn. So wie damals das Tal zu eng war. Er brauchte mehr Luft zum Atmen!

Nacht für Nacht lauschte er den Zügen und überlegte. Bis er eines Tages auf dem Bostoner Südbahnhof stand und ein Billet nach dem Westen löste.

Der Zug hielt nicht in Northfield. Er hielt nicht eher, als bis er das Weideland von Ohio und die Tiefebene von Indiana durchquert hatte. Erst als der Zug in Chikago ankam, stieg der junge Moody aus. Chikago war sein Ziel. Er warf einen langen Blick auf die Stadt und machte sich dann auf die Suche nach einem Quartier.

Von seinem neuen Logis aus betrachtete er die hölzernen Bürgersteige, kaute an seinen Fingernägeln und schrieb einen Brief an seine Mutter:

25. September 1856

Liebe Mutter!
Dies wird für dich eine große Überraschung sein. Ich bin nicht mehr in Boston. Um die Wahrheit zu sagen, ich wurde beinahe daraus vertrieben. All diese reichen und frommen Leute machten mich krank. Im Geschäft ging es auch nicht so gut. Jetzt bin ich in Chikago und glaube, daß ich eine Weile hierbleiben werde. Es ist ja nur tausend Meilen von Northfield, und das ist nicht viel, wenn man nicht oft daran denkt.

Natürlich hab ich noch keine Arbeit und weiß auch nicht, wo ich welche finden kann, aber morgen werde ich mich umsehen.

Dein Sohn Dwight

Er wußte, daß er nun wenigstens einen Platz gefunden hatte, an dem er erwachsen werden konnte. Die Farm und das Tal lagen endgültig hinter ihm. Die Zukunft stand offen.

6

Herr Wiswall, Inhaber des Wiswall'schen Schuhgeschäftes, schnippte mit dem Fingernagel gegen den großen schwarzen Lederstiefel, der auf dem Ladentisch stand. Er wirkte etwas verlegen, so, als ob er am liebsten ganz woanders wäre. Seine Unsicherheit veranlaßte Dwight, schneller und lauter zu sprechen.

„Sie können sicher nicht fehlgehen, wenn Sie mich einstellen, Herr Wiswall. Ich bin stark und fleißig. Ich will Ihnen was sagen, Herr Wiswall. Ich –"

Herrn Wiswalls nervöser Finger hielt einen Augenblick inne. „Herr Moody, Sie haben mir schon eine ganze Stunde meiner kostbaren Zeit gestohlen. Montag ist unser anstrengendster Tag."

Dwight trat näher auf ihn zu. „Wissen Sie, weshalb Sie mir eine Chance geben sollten? Weil ich Ideen habe. Großartige Ideen! Ich weiß, wie man mehr Schuhe verkauft!"

In seinen eigenen Ohren klangen die Worte laut und überzeugend, aber Herr Wiswall trat unwillkürlich einen Schritt zurück. „Tut mir leid, ich habe wirklich keine Arbeit für Sie. Vielleicht später einmal."

Der kleine Mann mit den rissigen, schmalen Lippen und der rosaroten Krawatte konnte ihn doch nicht einfach wegschicken! Er war schließlich in Chikago. Dieses Geschäft hatte er sich ausgesucht, und er brauchte dringend Arbeit.

„Sie können es sich gar nicht leisten, noch länger zu warten", drängte er. „Ich habe mir Ihr Schaufenster angesehen. Wenn Sie Ihre Ware loswerden möchten, sollten Sie die Schuhe besser präsentieren. Sie brauchen einen Blickfang. Sie sollten die Schuhe aus den Schachteln nehmen –"

Das leuchtete Herrn Wiswall ein. Er drehte sich um, nahm die Stiefel vom Ladentisch und fuhr mit der Hand über das glänzende Leder. „Schuhe ohne Schachteln –"

Dwight packte die Gelegenheit beim Schopf. „Ich habe noch nie ein so unvorteilhaft eingerichtetes Schuhgeschäft gesehen. Wenn Sie erlauben würden – ich könnte das im Handumdrehen ändern!" Er habe schon verschiedene Ideen in Boston ausprobiert. Damit platzte er heraus, ohne viel zu denken. Als Herr Wiswall dann genau wissen wollte, wie sich diese neuen Ideen ausgewirkt hätten, bekam er es mit der Angst zu tun. „Ich muß diesen Job kriegen, Herr Wiswall." Er fuhr mit der Zunge über seine wulstigen Lippen. „Ich muß hunderttausend Dollar verdienen."

„Sie müssen – waas?" Endlich schenkte ihm der Mann seine volle Aufmerksamkeit.

„Ich bin nach Chikago gekommen, um hier mein Glück zu machen", erklärte der junge Mann. „Das hab' ich mir in den Kopf gesetzt. Hunderttausend Dollar möchte ich haben."

Lange starrte Herr Wiswall den Burschen an. Dann spitzte er den Mund und sagte gelassen: „Ich glaube nicht, daß mein Geschäft der richtige Ort für Sie ist. Nicht, wenn Sie sich in den Kopf gesetzt haben, hunderttausend Dollar zu verdienen!"

„Na, aber irgendwo muß ich ja schließlich anfangen", entgegnete Dwight einfach.

„Aber nicht bei mir! Ihre Ideen sagen mir nicht zu. Und ich bezweifle, ob Sie sie in Boston verwirklichen konnten." Damit wandte er dem jungen Mann den Rücken zu.

Plötzlich fiel ihm der Brief ein. Er steckte in seiner Tasche, seit er sich von seinem Onkel verabschiedet hatte. Vielleicht konnte der helfen? Er reichte das gelbe Kuvert Herrn Wiswall.

„Was, ein Brief an mich? Ja, wer sind Sie denn eigentlich, junger Mann?"

Dwight grinste. Im Grunde genommen hätte er des Onkels Brief sofort abgeben sollen. Aber damit wäre er wieder auf die Gunst des Onkels angewiesen, und er hatte doch so sehr gewünscht, selbst Arbeit zu finden. Aus eigener Kraft, dank seiner eigenen Ideen.

Herr Wiswall riß den Umschlag auf. Dann lächelte er gezwungen. „Samuel Holton! Aus Boston! Kennen Sie ihn denn?"

„Er ist mein Onkel."

Herr Wiswall begann zu lesen. „Na gut", nickte er endlich. „Lassen Sie mich das mal zu Ende lesen, junger Mann. So, so, Sie sind also der Neffe des alten Holton. Gut, gut." Er vertiefte sich in die zweite Seite des Briefes. „Also dann – ziehen Sie die Jacke aus!"

„Ich krieg den Job?"

Bekümmert sah Herr Wiswall ihn an. „Mir gefällt Ihr Auftreten nicht, und mir gefällt Ihre grobe, direkte Sprache nicht. Ich weiß überhaupt nicht, was Sie in meinem Geschäft tun könnten. Aber Sie sind Samuel Holtons Neffe. Ich will Ihnen eine Chance geben. Kommen Sie mit ins Lager. Dort können sie mit Ihren hunderttausend Dollar beginnen."

Nun war er ein Teil von Chikago. Er hatte Arbeit und konnte damit beginnen, auf sein Ziel loszusteuern. Er würde hunderttausend Dollar verdienen. Schnell entdeckte er, daß Schuhe verkaufen in Chikago nicht viel anders war als in Boston. Es war eine Arbeit, die gute Nerven und eine flinke Zunge erforderte, und beides hatte er mitgebracht. Innerhalb kürzester Zeit war er von der neuen Stadt begeistert. Er konnte seine eigenen Wege gehen, er selbst sein, und niemand kümmerte sich um ihn.

Ausgenommen Herr Wiswall. Er war voller guter Ratschläge und sorgte sich um den jungen Mann, daß er in Zucht und Ordnung lebte.

„Lassen Sie Ihr Ziel nie aus den Augen!“ riet er ihm. „Es kommt darauf an, wie Sie Ihre Zeit anwenden. Die Arbeit wird Sie entweder ans Ziel bringen oder zerbrechen. Haben Sie ein Mädchen? Nein? Nun, einmal wird eines auftauchen. Und wird Sie in die falsche Richtung ziehen. Zum Geldausgeben verleiten. Sie werden abends ausgehen, zu trinken beginnen – und aus ist es mit den Zukunftsträumen!“ Dann lächelte er vor sich hin, als ob Dwights Traum von der Zukunft schlecht oder lächerlich wäre.

Aber Herr Wiswall meinte es gut mit ihm. Nie versuchte er ihn anzubinden, wie Onkel Samuel es getan hatte. Er hatte nur eine merkwürdige Art, junge Leute zu ermutigen. Dwight spürte, daß der alte Mann recht hatte, und nahm sich seine Mahnungen zu Herzen. Er wollte sein Ziel nicht aus den Augen verlieren, sondern so schnell wie möglich reich werden. Was er in seiner Freizeit tat, ging Herrn Wiswall nichts an. So kamen die beiden gut miteinander aus.

Er hatte sich angewöhnt, nach der Arbeit in die Stadt zu gehen. Chikago war nicht Boston. Die Straßenlaternen brannten abends länger, und immer waren Leute unterwegs. Manchmal blieb er stehen und bewunderte die großen Kutschen, starrte die Damen mit den riesigen Federhüten an und beneidete die Männer, die mit ihren hochbeinigen Pferden so geschickt umzugehen wußten.

Die Leute in Chikago waren freundlich, und es war leicht, mit ihnen ins Gespräch zu kommen. Bald fand er Freunde, mit denen er sich jeden Abend an der Straßenecke traf. Peter und Mike zum Beispiel.

„Wir haben uns eben gefragt, was du heute abend im Sinn hast, Moody." Peter lehnte sich gegen ein Schaufenster und blies große Rauchringe in die Luft.

„Ich wollte bloß mal sehen, ob ich hier an der Ecke ein paar von meinen Freunden treffe."

„Sind wir deine Freunde?" wollte Mike wissen.

„Sicher!" fuhr Dwight leise fort. „Hört mal, am Sonntag wird es klappen."

Peter paffte weiter. „Glaubst du?"

„Aber ja!"

„Alles O.K.?" wollte Mike wissen. „Hat keiner dumme Fragen gestellt?"

„Keiner", antwortete Dwight. „Ihr müßt auch nichts bezahlen. Ich hab euch eingeladen."

Peter pfiff vor sich hin. „Du wirst nicht mehr viel Geld für dich übrig haben, wenn du es für uns ausgibst."

Dwight lachte. „Mach dir keine Gedanken darüber! Wiedersehen – bis Sonntag!"

Langsam rückte der Sonntag näher. Am Samstagabend stand Herr Wiswall an der Tür und verabschiedete seine Angestellten. „Paßt gut auf euch auf, Jungs! Jack, ruh dich aus, du bist immer noch erkältet. Denk dran, am Montag mußt du wieder fit sein. Moody, nicht so eilig, ich hab noch ein Wörtchen mit dir zu reden."

„Ja?"

„Ich wollte es dir schon lange sagen. Du gefällst mir jetzt viel besser als am Anfang, mein Junge. Ich bereue es nicht, daß ich dich angestellt habe. Du bist ein guter Geschäftsmann. Sollte mich nicht wundern, wenn du dir schon ein hübsches Sümmchen erspart hast, seit du hier arbeitest. Jetzt aber mach ich mir Gedanken um dich. Darum hör auf meinen Rat." – Dwight schluckte – „Paß gut auf dich auf! Behalte dein Ziel im Auge! Laß niemand zwischen dich und deine hunderttausend Dollar kommen!"

„Nein, Herr Wiswall."

„Und denk dran, daß schlechte Gesellschaft dich schneller verderben kann als alles andere. Jetzt aber, Moody, wünsche ich dir einen guten Sonntag."

„Danke!"

Am Sonntagmorgen verspätete er sich ein wenig. Außer Atem kam er an der gewohnten Ecke an, voller Angst, daß Peter und Mike nicht mehr da sein würden. Vielleicht hatten sie seinen Vorschlag gar nicht ernst genommen? Aber nein, sie warteten auf ihn und hatten noch ein paar Freunde mitgebracht.

Lachend und schwatzend zogen sie miteinander los. Peter stieß Mike vom Gehsteig in den Schmutz der Straße und sie benahmen sich reichlich albern. Alle lachten und drohten, Peter in den Michigan-See zu schubsen. Dem jungen Moody wurde warm ums Herz. Hier war es schöner als in Boston. Dort hätte er sich niemals solche Freiheiten erlauben dürfen. Aber Mike war noch immer ziemlich nervös.

„Du – wenn jemand von deinen noblen Freunden uns sieht?"

„Noble Freunde? Wen meinst du damit?"

„Deinen Boß zum Beispiel."

„Vergiß ihn!"

Jetzt waren sie zu fünft, und der hölzerne Gehsteig knarrte und schwankte unter ihren Füßen. Jeder, der ihnen entgegenkam, mußte auf die Straße hinunter ausweichen. Dwight rannte allen voran. Er wußte genau, wohin er seine Freunde bringen wollte.

„Bist du sicher, daß alles okay ist?" erkundigte sich Mike zum drittenmal.

„Todsicher."

„Und du bezahlst?"

„Klar. Ich hab euch doch eingeladen. Nur keine Angst!"

„Also, ich weiß immer noch nicht, ob mir die ganze Sache überhaupt gefällt."

Vor einem niedrigen Ziegelbau blieb Dwight stehen. Die vier folgten ihm die Treppe hinauf. An der Tür trat ihnen ein Mann mit scharfen Bügelfalten und seelenvollem Blick entgegen. „Meine Herren?" fragte er zögernd, als ob es ihm schwerfiele, sie solcherart zu betiteln. Alle vier schauten auf Dwight.

Der fuhr mit der Hand durch sein zerzaustes schwarzes Haar und sagte großspurig: „Alles in Ordnung. Habe Plätze bestellt. Meine Name ist Moody."

Aus dem Gebäude drang Musik. Frohe, helle Musik. Es roch nach Seife und frischen Blumen. Der Mann nahm eine lange Liste zur Hand und studierte sie eingehend. Dann sah er auf und lächelte beinahe. „Ja, mein Herr. Wollen Sie mir bitte folgen? Und Sie – äh – meine Herren – bitte, kommen Sie mit!"

„Los, Jungs!" flüsterte Dwight seinen verdatterten Kumpanen zu.

Der Mann mit dem traurigen Gesicht wandte sich an Dwight: „Ich glaube, Sie haben die fünf Sitze in der vordersten Reihe. Sie sind glücklich zu preisen, Herr Moody, Sie – und Ihre Freunde. Ich hoffe, Sie wissen die Ehre zu schätzen, fünf Plätze in der vordersten Reihe der Plymouth-Congregational-Kirche belegen zu dürfen. Das ist wirklich ein besonderes Vorrecht."

7

Möglich, daß es der Wind war, der stets neue Ideen in die Stadt blies und die alten, abgestandenen davontrug. Jedenfalls war Chikago nicht Boston, und der junge Moody war heilfroh darüber. Hätte er es je wagen dürfen, vier Rowdies in die Mount-Vernon-Kirche an der Massachusetts-Avenue in Boston mitzubringen und ihnen die besten Plätze reservieren zu lassen? Nicht, ohne den Ältesten einen Schlaganfall zu verursachen und sich von Onkel Samuel am Montagmorgen eine gehörige Strafpredigt einzuhandeln. Aber hier, in Chikago, nahmen die Leute Neues und Außergewöhnliches gelassen hin.

In Chikago war es sogar einfacher, Schuhe zu verkaufen. Er hatte zwar auch in Boston nie Schwierigkeiten gehabt, ein gutes Verkaufsresultat zu erzielen, aber in Chikago war es geradezu ein Kinderspiel. Einem Farmer aus Illinois machte es zum Beispiel nichts aus, über die Größe seiner Füße zu reden. Er nahm auch die Überredungskünste des Verkäufers nicht übel, wie das in Boston leicht passieren konnte. Und wenn man Kunden von der Straße in den Laden lockte, runzelte keiner die Stirn.

So steigerte Dwight ständig seinen eigenen Verkaufsrekord und im Verhältnis dazu wuchsen seine Ersparnisse. Er wurde von Tag zu Tag selbstsicherer und steuerte direkt auf sein Ziel los. Hunderttausend Dollar! Er war klug und tüchtig, und er beherzigte die Mahnungen des alten Herrn Wiswall. Nichts stand mehr zwischen ihm und seinem Glück. Seine einzige Erholung war die Kirche. Und der Kirchenbesuch hat noch nie einen Menschen davon abgehalten, reich zu werden. Gegen diese Art Zerstreuung hatte Herr Wiswall nichts einzuwenden.

Zwei Jahre lang kannte Dwight nichts anderes, als das gesteckte Ziel zu erreichen. Er war so intensiv damit beschäftigt, daß die Arbeitskollegen ihn neckten: „Hast du eigentlich gar nichts anderes im Kopf als das Schuhgeschäft, Dwight?"

„Natürlich hab' ich!"

„Und das wäre?"

„Ich hab' ne ganze Menge –"

„Möbliertes Zimmer irgendwo, nehme ich an. Du hast doch nicht etwa ein Mädchen?" stichelten sie weiter.

„Eines? Eine ganze Meute!" Dwight amüsierte sich über die verdatterten Gesichter. „Ich verbringe jeden Sonntag mit ihnen. Mit allen zusammen! Aber es ist nicht die Sorte Mädchen, für die ihr euch interessiert. Sie gehören zu meiner Sonntagsschulklasse."

„Waaas?!"

Er thronte auf einem riesigen Schuhkarton und erzählte den staunenden Kollegen, wie er die meisten Wochenenden während der letzten acht oder neun Monate verbracht hatte. Angefangen hatte es, als er in der North Wells Street geschäftlich zu tun hatte. North Wells war eine schmutzige Straße, mit stinkenden Mülleimern vor den Häusern und Hütten, die zu baufällig waren, um noch gerade zu stehen. Auf einem Gebäude hatte er eine verblichene rote Aufschrift entdeckt: Mission. Und eines Tages ging er hinein.

Ein Mann stieß in dem schwach beleuchteten Korridor beinahe mit ihm zusammen.

„Ich habe Ihre Aufschrift da draußen gesehen, mein Herr. Dachte, ich wolle mal sehen, was hier los ist. Ist hier eine Kirche?“

„Nein“, entgegnete der Mann verdrossen. „Wir sind eine Mission.“

„Haben Sie Gottesdienste am Sonntag?“

„Nein. Sonntagsschule.“

Vor jeder der morschen Haustüren in North Wells Street tummelten sich die Kinder in Scharen. „Sie haben sich einen wunderbaren Platz für die Sonntagsschule ausgesucht, Herr. In der ganzen Stadt gibt es keinen besseren.“

„Dachten wir auch.“

Dann schwiegen beide. Dwight stellte seinen großen Aktenkoffer auf den Boden. „Mein Herr, ich bin überzeugt von der Wichtigkeit der Sonntagsschule. Vor Jahren hat mir ein Sonntagsschullehrer von Jesus erzählt. Heute bin ich Geschäftsmann – Schuhbranche – und habe an Sonntagen Zeit. Ich mach' Ihnen einen Vorschlag: Ich bin so überzeugt von der Sonntagsschule, daß ich gern hierherkommen und eine Ihrer Klassen unterrichten möchte.“

Der junge Moody hatte erwartet, daß der Mann ihm die Hand drücken und dankbar sagen würde: „Mein Junge, Gott segne Sie!“ Statt dessen brummte er: „Nee. Wir brauchen keine Lehrer. Im Augenblick haben wir sechzehn Lehrer – und nur zwölf Kinder.“

Mit einem Dutzend rotznasiger, schmutziger Kinder, die sich vor jeder Wohnungstür balgten? „Mein Lieber, da stimmt doch etwas nicht!“ meinte Dwight freimütig. „Sie haben die Kinder doch haufenweise vor Ihrer Tür!“

„Dann bringen Sie sie mal herein!“ gab der Mann zur Antwort und drehte sich um.

Dwight nahm seinen Koffer. „Abgemacht.“

Nun wandte sich der Alte noch einmal an ihn. „Schlage Ihnen einen Handel vor. Bringen Sie Ihre Klasse mit, und wir lassen Sie unterrichten."

Als Dwight keine Antwort gab, fuhr er fort: „Und wenn Sie das nicht fertig bringen, brauchen Sie nicht mehr zu kommen."

Der junge Mann ging hinaus, blieb vor dem verwaschenen Schild stehen und sah einem kleinen Jungen zu, der versuchte, mit einem verkrüppelten Arm Ball zu spielen. Dann nahm er den Schuhkoffer und verließ die North Wells Street.

Am Sonntag war er wieder da. Die Kinder waren auch da und spielten die gleichen Spiele. Sie waren weder gewaschen noch sonntäglich gekleidet und saßen auch nicht in der Sonntagsschule. Der Junge mit dem verkrüppelten Arm spielte mit dem gleichen schmutzigen Ball. Diesmal sprang Dwight hinzu und fing den Ball.

„He, Herr, geben Sie uns den Ball zurück! Das ist unser Ball!"

Aber Dwight behielt den Ball in der Hand und drehte ihn langsam. „Diesen alten Ball?" fragte er.

Der Junge kam näher, ein paar andere mit finsteren Blicken begleiteten ihn. „Was ist denn nicht in Ordnung mit ihm?"

Moody hielt ihn fest in der Hand. „Der ist nicht gut genug als Sonntagsball."

„Sonntagsball?"

Inzwischen war der junge Mann umringt von Kindern. Kleine Mädchen, große Buben, mit ungewaschenen Hälsen und Marmelade auf den Gesichtern. „Also – wenn das mein Ball wäre", erklärte Dwight und beobachtete die Kindergesichter, „dann würde ich von Montag bis Samstag damit spielen und ihn am Sonntag weglegen."

„Wir haben aber doch nur einen Ball. Geben Sie ihn zurück!"

Schnell sprach Dwight weiter. „Wenn ich nur einen Ball hätte, würde ich ihn am Sonntagnachmittag vergessen."

„Ohhh –" ein paar größere Jungen waren plötzlich aufgetaucht. Dwight richtete den Blick auf sie. „An eurer Stelle", begann er wieder, „würde ich jetzt den Ball vergessen und irgendwo hingehen."

„Wohin denn?"

„Nun, vielleicht dorthin, wo man interessante Geschichten erzählt. Geschichten von Löwen zum Beispiel, denen man Männer zum Fraß vorgeworfen hat."

„Ohhh!" Der kleine Junge mit dem kranken Arm drängte sich an ihn. „Wo ist denn das?"

„Wollt ihr es wissen?"

„Aber sicher!" brüllten die meisten.

„Dann kommt mit mir! Ich will euch dorthin bringen, wo es euch besser gefällt als irgendwo anders an einem Sonntagnachmittag."

Als er in der Mission ankam, hatte er achtzehn zerlumpte Kinder im Schlepptau. Zuerst erkannte ihn der alte Pfarrer nicht mehr. Als er aber begriffen hatte, öffnete er die Tür weit und ließ die Kinder hinein. Zu Dwight sagte er: „Sie haben Wort gehalten – kommen Sie herein!"

Aber der junge Mann blieb auf den Stufen stehen. „Ich möchte meinen Handel noch etwas erweitern. Kinder zu finden ist leichter als Schuhe verkaufen. Nehmen Sie diese Klasse und verteilen Sie sie auf Ihre sechzehn Lehrer. Ich hole mir noch mehr Kinder." Und zu seiner Schar sagte er: „Nun, Kinder geht hinein, wir sind da!"

– „Das wär' die Geschichte", schloß er, immer noch auf dem Schuhkarton sitzend. „Vor bald einem Jahr hat es angefangen, und so hab ich seither meine Sonntage verbracht."

Keiner lachte. Nur einer vermutete, daß da auch ein Mädchen im Spiel sein könne – und hoffentlich keines von diesen zerlumpten Gören. Nun lachten alle, und Dwight am lautesten. Nein, sie gehöre nicht dazu. Sie war hübsch, und ihr Vater baute Schiffe. Da pfiff einer durch die Lippen und nickte vielsagend: „So, das wäre also des Rätsels Lösung –"

Dwight lachte verschmitzt. „Nein, ist es nicht. Bis jetzt hatte ich keine Zeit, mit Fräulein Emma Revell auszugehen. Kann sein, daß es eines Tages dazu kommt. Wißt ihr, ich hab Kinder einfach gern, und ich bin von der Wichtigkeit der Sonntagsschule restlos überzeugt. Es ist der einzige Ort, wo Kinder hören können, daß Gott sie lieb hat. Kann sein, daß ihr da nicht mit mir einig seid. Ihr seht, ich habe neben den Schuhen noch anderes im Kopf. Aber eines will ich doch betonen: Schuhverkauf ist immer das erste bei mir, und ich zieh jedem die Haut bei lebendigem Leib ab, der versucht, meinen Verkaufsrekord zu brechen!"

Unverdrossen und unermüdlich arbeitete der junge Moody im Schuhgeschäft von Herrn Wiswall. Dieser war überzeugt, daß er nichts Besseres hätte tun können, als den Neffen des alten Holton einzustellen. Als er eine Filiale eröffnete, übergab er Dwight die Leitung. Sein Gehalt kletterte stetig höher, und sein Bankkonto ebenfalls.

Jedesmal, wenn er durch die Straßen von Chikago ging, spürte er, daß er ein Teil dieser Stadt war. Chikago wuchs, und somit auch er. Wenn alles glatt weiterging, würde er bald der reichste junge Mann weit und breit sein.

Ein Jahr lang war er zufrieden als Filialleiter der Firma Wiswall. Dann kam plötzlich eine Nachricht von C.N. Henderson, dem Eigentümer einer anderen Schuhfirma. Dwight wurde in Hendersons Büro gebeten, und der alte Henderson erklärte, er wolle ihn von Wiswall abwerben. Sein Angebot bedeutete für den jungen Mann eine große Versuchung.

„Moody, Geschäftsreisender der Firma Henderson! Was meinen Sie dazu?“

„Prima. Aber ich kann Ihnen jetzt noch keine Zusage geben, Herr Henderson. Das muß ich mir zuerst überlegen.“

„Kommen Sie herüber ans Fenster.“ Da standen nun die beiden Männer hinter Hendersons Schreibtisch und sahen aus dem sechsten Stockwerk hinunter auf den blauen See, der wie eine Riesenhand nach Norden und nach Osten zeigte. Frachter und Raddampfer tummelten sich darauf. Es war ein eindrückliches, bewegtes Bild. Henderson legte die Hand auf Dwights Schulter und zeigte nach Süden. Dort erstreckte sich die grüne fruchtbare Ebene von Illinois, so weit das Auge reichte. „Das ist Ihr Land, Moody. Dort unten liegt Indiana. Dort oben Missouri und Iowa. Drüben ist Wisconsin.“

Sein Land. Der weite, herrliche Mittlere Westen. Er liebte es bereits, und hatte doch erst einen Bruchteil davon gesehen, nicht mehr als die Stadt, die das Herz des Gebietes war. Wenn er die Stelle annahm, würde dies alles sein Territorium. D.L. Moody, Geschäftsreisender!

„Mein Junge, Sie würden das alles selbst kennenlernen. Abends würden Sie Chikago verlassen und am nächsten Tag bereits in St. Louis schlafen.“

St. Louis. Unglaublich. Noch vor kurzem hatte er gedacht, daß er ein Leben lang im Connecticut-River-Tal gefangen sein würde.

„Dubuque, Minneapolis, Madison, Kansas City." Henderson nannte die Städte, als ob Dwight mit Siebenmeilenstiefeln aus dem Fenster steigen könnte. Es gab übrigens keinen Grund, weshalb er den Job nicht annehmen sollte. Er müßte zwar noch einiges wissen. Wie hoch sein Gehalt sein würde, beispielsweise.

„Welches Gehalt haben Sie sich vorgestellt, Herr Henderson? Und wie steht es mit der Spesenvergütung? Ich verstehe nicht sehr viel davon."

Henderson schien ein wenig ungehalten. „Die Spesenrechnung ist einfach, Junge. Sagen wir, ich schicke Sie für einen Monat nach Minneapolis. Sie bezahlen die Reise, und ich gebe Ihnen das Geld dafür zurück. Dann geht es weiter nach Kansas City." Dwight nickte. „Und einmal im Monat, als Extra-Bonus, bezahle ich Ihnen die Rückreise nach Chikago. Ich muß Sie schließlich im Auge behalten!"

Das klang gut. Aber dann überlegte der junge Mann. Was hatte Henderson gesagt? Einmal im Monat? Aber er mußte doch öfters nach Chikago kommen. Er hatte hier Verpflichtungen! Das mußte er Henderson erklären.

„Ich muß jede Woche zurückkommen. Ich habe hier zu tun –"

Henderson war verärgert. „Sie sind doch ledig, oder?"

„Das schon, nur –"

„Verpflichtungen? Junge, Sie haben keinerlei Verpflichtungen. Haben Sie ein Mädchen?"

Flüchtig dachte er an Emma Revell. Dann schüttelte er den Kopf. „Nein."

„Junger Mann, ich möchte, daß Sie meine Schuhe verkaufen. Sie sind ein ausgezeichneter Verkäufer. Aber ich kann Ihnen nicht mehr Spesen vergüten und auch nicht mehr Gehalt geben, als ich Ihnen schon sagte. Und wenn Sie nicht genug Verstand haben und diese einmalige Chance wegen anderer Verpflichtungen ausschlagen, ist Ihnen wirklich nicht zu helfen!"

Dwight war über sich selbst verwundert. Nichts durfte sich zwischen ihn und eine Beförderung, zwischen ihn und sein Ziel stellen. Er hatte doch alles sorgfältig erwogen und geplant. Und jetzt stand er zu seiner größten Verblüffung in Hendersons Büro und zögerte, mehr Gehalt und eine anspruchsvollere Stellung anzunehmen. Wie war es nur so weit gekommen?

Er wußte natürlich, wie es begonnen hatte. Da war die Sonntagsschule in North Wells Street. Er hatte sich mehr dafür engagiert, als er ursprünglich beabsichtigt hatte. Seine eigene Klasse war zuerst so klein gewesen, daß sie auf einer Bank am Ufer des Sees Platz gehabt hatte.

Aber sie war gewachsen. Seit einem Jahr unterrichtete er nun jeden Sonntagnachmittag in der Markthalle. Seine Freunde halfen ihm am Sonntagmorgen, den Schmutz und die leeren Flaschen wegzuräumen, Spuren der Tanzveranstaltungen, die dort an jedem Samstagabend stattfanden. Mehr als dreihundert Kinder aus den Slums kamen regelmäßig zur Sonntagsschule.

Diese Kinder konnte er nicht im Stich lassen. Mit Liebe und Geduld hatte er sie gewonnen. Es hatte seiner ganzen Überredungskunst als Verkäufer bedurft, um sie zum Kommen zu bewegen. Nun konnte er sie doch nicht einfach ihrem Schicksal überlassen! Niemand war da, der ihn ersetzen konnte. Es war ausschließlich seine Arbeit.

Aber Henderson verstand das nicht. „Ich kann Sie nicht begreifen, Moody. Was haben Sie denn von Ihrer Mühe mit diesen Kindern?"

Darüber hatte er noch gar nicht nachgedacht. „Ich weiß es nicht", bekannte er zögernd.

„Weshalb tun Sie das überhaupt?"

„Weil ich Kinder gern habe. Ich freue mich, wenn ich ihnen helfen kann. Es ist die einzige Kirche, die sie besuchen. Wenn ich ihnen nicht von Jesus erzähle, wird es sonst niemand tun. Es macht mir ganz einfach Freude. Mehr, als wenn ich ein Bombengeschäft abschließen kann."

Henderson gab keine Antwort. Er starrte aus dem Fenster und beobachtete die Schiffe, die dem Kai entlang fuhren.

Endlich sprach Henderson. „Ziemlich unsichere Sache, nicht wahr? Nun, Sie müssen wählen. Entweder verkaufen Sie Schuhe und werden gut bezahlt dafür, oder Sie überreden schmutzige Gassenkinder dazu, die Bibel zu lesen – für nichts. Die Entscheidung liegt bei Ihnen. Und hören Sie gut zu: Gefühl für arme Kinder hin oder her, Henderson zahlt eine Rückreise nach Chikago im Monat, und keinen Dollar mehr. Verstanden?"

„Schöne Zwickmühle", entgegnete Dwight. „Ich hätte nie gedacht, daß die Wahl so schwer sein könnte."

„Also, wie steht's? Ja – oder nein?"

„Ich weiß es nicht, Herr Henderson. Das ist ja das Problem. Ich weiß es nicht."

8

Er brauchte Zeit. Zeit zum Überlegen und Zeit, um über diese Sache zu beten. Und er nahm sich die Zeit. Er hielt Sonntagsschule wie gewöhnlich und besprach sich mit guten Freunden. Einer von diesen war Oberst Hammond, der große, breitschultrige Generaldirektor der Chikagoer Eisenbahngesellschaft. Mit vergnügtem Lächeln, die Hände über dem dicken Bauch gefaltet, saß der Koloß auf einem wackligen Stuhl und ließ sich Dwights mißliche Lage schildern.

„Na, mein Junge, mir scheint, daß diese beiden Lokomotiven in Ihnen aufeinander zurasen, und daß es eine heftige Kollision geben wird, wenn Sie mir altem Eisenbahner diesen Vergleich erlauben wollen."

Dwight lächelte gequält. „Oberst, bis vor kurzem dachte ich, meine Sonntagsschule sei ein Führerstand. Nichts als ein hübscher, kleiner Führerstand."

Hammond lachte. „Mein Junge, Ihre Maschine hat viel zuviel Dampf für ihre Größe in sich. Einerseits möchten Sie Geld und Erfolge haben, andererseits erwarten Sie, daß Ihre Sonntagsschule blüht. Und das alles nur mit einer Hand – mit der linken Hand sozusagen."

Dwight lehnte gegen einen Stapel Stühle und schaute unsicher auf den Oberst hinunter. Machte der Mann sich lustig über ihn? Dafür war sein Problem doch wirklich schwer genug zu lösen. „Ich möchte die Arbeit bei Henderson gern annehmen", wiederholte er. „Aber ich kann doch die Kinder nicht im Stich lassen. Tausend sind es jetzt – und wer wird ihnen von

Gott erzählen, wenn nicht ich? Oberst Hammond, bin ich eigentlich verrückt? Jahrelang habe ich auf eine solche Gelegenheit gewartet. Jetzt kann ich doch nicht einfach nein sagen!" Dwight hatte nie gern jemand um Rat gefragt, aber jetzt brauchte er ihn dringend. Der Oberst hatte schließlich seinen Reichtum auch aus eigener Kraft erworben und war dazu noch Christ. „Oberst, sagen Sie mir doch, was ich tun soll!"

Oberst Hammond lehnte sich zurück und forschte in Dwights Zügen. „Nehmen Sie die Arbeit an!" riet er kurz und bündig.

Für einen Augenblick sah Dwight eine schwerfällige, alte Lokomotive über die Prärie rattern. So war der Oberst – direkt, grob.

„Mein Junge, der Mensch sollte im Leben ein einziges Ziel verfolgen. Wenn er von der Linie abirrt, kommt er nie wieder darauf zurück – höchstens unter Verlust von fünf, oder gar zehn Jahren. Sie sind auf der richtigen Spur. Handelsreisender der Firma C.N. Henderson. Nehmen Sie an, Dwight. Die Stadt wird wachsen, und Sie mit ihr, mein Sohn."

In diesem Augenblick kam ein kleiner Junge mit Rotznase und zerrissenem Hemd gelaufen und stieß Dwight an: „Wir sehen uns nächsten Sonntag!" rief er. „Ich bringe meine Schwester mit, wenn nicht unser Alter vor dem Mittagessen zu tief in die Flasche guckt und uns daheim behält."

Dwight warf dem Oberst einen fragenden Blick zu. „Sie meinen, diese Kinder hier im Stich lassen? Wenn ich weggehe, bleiben sie auch weg. Die anderen Sonntagsschullehrer meinen es gut, aber kein einziger hat genug Zunder, um sie bei der Stange zu halten."

„Nein, das meine ich nicht. Tun Sie doch beides – übernehmen Sie den Job und behalten Sie die Schule."

„Aber ich habe Ihnen doch schon gesagt, daß das unmöglich ist. Ich hätte niemals genug Geld, um meinen Unterhalt zu bestreiten und dazu noch jede Woche nach Chikago zurückzufahren auf meine eigenen Kosten –“

Amüsiert wippte der Oberst auf seinem Stuhl hin und her. „Kostet Sie ja keinen Cent! Nehmen Sie den Zug und kommen Sie nach Chikago. Jede Woche.“ Er begann, in seinen Taschen zu kramen. „Ach – wo hab ich's nur? Na, hier sollte es doch sein! Oder etwa – hier?“

Verblüfft beobachtete Dwight sein Gehabe. Der Oberst hatte sich wohl irgendeinen Spaß ausgedacht. Endlich zog er aus der letzten Tasche eine kleine, rosarote Karte und reichte sie seinem Gesprächspartner.

„Junge, ich bin doch nicht umsonst Präsident der besten Eisenbahngesellschaft des Mittleren Westens!“ Dann sagte der Oberst nichts mehr. Er weidete sich an Dwights Überraschung. „Junge, sehen Sie sich die Karte an. Generalabonnement. Ja, mein Lieber. Wenn Oberst Hammond erklärt, daß Sie auf der Chikagoer Eisenbahnstrecke jederzeit umsonst fahren können, dann gilt das. Und niemand wird unbequeme Fragen stellen.“

Es erschien unglaublich, aber die kleine rosarote Karte war die Antwort auf all die quälenden Fragen. Sie war es wirklich! „Ich weiß gar nicht, was ich dazu sagen soll, Oberst.“

„Nichts. Gehen Sie morgen früh zu Henderson und freuen Sie sich über Ihren neuen Job!“

Nun war er sicher, daß der neue Weg richtig war. Niemand und nichts konnte ihn mehr aufhalten. Er hatte das sichere Gefühl, daß alles in Ordnung war, weil er seine Pflicht Gott gegenüber nicht vernachlässigen würde. Etwas in seinem tiefsten Innern hatte ihn geheißen, den Slumkindern von Jesus zu erzählen und ihr trauriges Leben heller zu machen. Nun konnte er das weiterhin tun, und dazu noch sein Glück machen. Der unglückselige Konflikt in seinem Herzen war aufs beste gelöst.

Im Jahre 1858, als er einundzwanzig Jahre alt wurde, übernahm er die Arbeit bei Henderson. Er bereiste den ganzen Mittelwesten und verkaufte Schuhe. Die Arbeit gefiel ihm. Dabei kam er nach Springfield, Peoria, Rock Island, Decatur und Quincy. Überall konnte er seine Schuhe absetzen.

„Nehmen Sie zum Beispiel Quincy", erklärte er einem Schuhhändler. „Quincy ist eine aufstrebende Stadt. Laufend werden neue Häuser und neue Geschäfte gebaut, und täglich kommen neue Menschen in die Stadt. Es wird nicht mehr lange dauern, und in Ihrer Stadt leben mehr Leute, als Schuhe zu haben sind. Mein Herr, Sie täten gut daran, Ihre Bestellung zu verdoppeln!"

So ähnlich sprach er in St. Louis, in Des Moines, in Dubuque und Minneapolis. Und er verkaufte Schuhe. Ja, Dwight L. Moody wußte, wie man Schuhe verkauft.

Aber am Samstagnachmittag, ganz gleich, wo er gerade war, setzte er sich in den Zug und fuhr nach Chikago. Und die Sonntagsschule in der Chikagoer Markthalle wuchs unaufhörlich. Es schien beinahe so, als ob der junge Moody Religion wie seine Schuhe verkaufte. Einmal, als er darüber nachdachte, fragte er sich, ob das ein unziemlicher Gedanke war.

Er freute sich über die Wochenenden ebenso sehr wie über die Arbeitstage. Weshalb auch nicht? Über tausend Jungen und Mädchen kamen nun in seine

Sonntagsschule. Einige der bekanntesten Chikagoer Bürger hatten Notiz davon bekommen – Männer wie John Farwell, der reichste Kaufmann der Stadt. Ja, man sprach so viel davon, daß selbst Präsident Lincoln auf diese Sonntagsschule neugierig wurde und ihr einen Besuch abstattete, als er in Chikago war. Eines Sonntags stand der Präsident neben Dwight Moody auf dem Podium und erklärte:

„Ich habe Herrn Moody soeben gesagt, daß ich noch nie in meinem Leben eine solche Sonntagsschule gesehen habe, und vermutlich auch noch keinen Menschen, der so ist wie er. Ich wollte eigentlich keine Rede halten, aber Herr Moody hat mich dazu aufgefordert. Nun, ihr alle seid hier am richtigen Platz und lernt das Richtige. Wenn ihr auslebt, was ihr hier hört, dann werden aus euch ehrenhafte Männer und Frauen, die einen nützlichen Platz in der Gesellschaft einnehmen. Vergeßt nicht, Herrn Moody für alles, was er für euch tut, zu danken."

Dort, neben Präsident Lincoln, stand Dwight L. Moody und fuhr stolz mit den Fingern durch sein dichtes, schwarzes Haar. Wenn Onkel Samuel ihn jetzt sehen könnte!

Noch etwas gehörte zur Sonntagsschule und zu Chikago. Das war die junge Sonntagsschullehrerin Emma Revell. Zuerst war ihre Familie wenig erbaut von diesem Gesellen aus dem Osten, der mit seiner Grammatik auf Kriegsfuß stand. Allmählich aber akzeptierte sie ihn. Es blieb ihr auch nicht viel anderes übrig, denn Sonntag für Sonntag trafen sich Dwight und Emma in der Sonntagsschule und in der anschließenden Gebetsversammlung.

Während einer dieser Gebetsversammlungen fand Dwight, es sei nun an der Zeit, über seine Gefühle dem Mädchen gegenüber zu sprechen. Die beiden saßen in der hintersten Reihe, und verstohlen flüsterte Dwight Emma zu: „Hör mal, wäre es nicht endlich angebracht, den anderen zu sagen, wie es um uns steht?"

Emma zierte sich ein wenig. „O Dwight, was werden sie –"

„Warum nicht gleich heute?" polterte Dwight. „Die Gebetsversammlung der Sonntagsschullehrer ist eine Gelegenheit wie jede andere auch."

„Aber wie willst du es ihnen denn beibringen?"

Er stand schon auf den Beinen. „Na, ich steh einfach auf und sag es ihnen."

Emma griff nach seinem Arm. „Warte, Dwight. Du mußt deinen Kragen noch besser –" Aber er hatte keine Zeit zu warten. Er räusperte sich und begann: „Leute, ich muß euch etwas sagen."

Alles horchte auf. Mäuschenstill war es im Saal. Dwights Stimme drang bis in den hintersten Winkel. „Ich muß euch sagen, daß ich von heute an keines der Mädchen, die hier sind, nach Hause begleiten werde." Ein paar lachten, andere runzelten die Stirn. Unbekümmert fuhr er fort: „Ab heute begleite ich nur noch eine einzige junge Dame nach Hause, nämlich die, die neben mir sitzt, Fräulein Emma Revell."

Dann setzte er sich und versuchte geistesabwesend, den Staub von seinen großen, schwarzen Stiefeln zu wischen. Dabei warf er einen scheuen Blick auf Emma und erwartete ein beifälliges Lächeln von ihr.

In jenen Tagen erlebte er noch weitere Genugtuungen. Nach jeder Geschäftsreise ging er auf die Bank, und als sein Konto die Fünftausendergrenze überschritt, fühlte er sich so reich wie John Farwell. Er war auf dem richtigen Weg. Henderson hatte ihm versprochen, daß ab nächstem Jahr allein seine Provision fünftausend Dollar betragen würde. Diese Summe war eine zusätzliche Vergütung zu seinem Gehalt, und voller Freude beschloß er, jeden Cent davon zu sparen.

Doch vier Wochen später war Henderson tot.

Trübsinnig saß Dwight mit Emma im Wohnzimmer ihres Elternhauses. „Wird sich das auf deine Arbeit auswirken?"

Er fuhr mit den Händen über den weichen Bezug des Sofas. „Sehr viel sogar. Das Geschäft wird aufgelöst."

„Aber Dwight, es gibt doch noch eine Menge anderer Geschäfte, die auch Schuhe verkaufen."

Verzweifelt sah er sie an und erkannte, daß sie keine Ahnung hatte von dem, was in ihm vorging. Sie wußte nichts von dem engen Tal, nichts von Boston und den Snobs von Beacon Hill, und sie wußte nicht, wie sehr er sich in den letzten Jahren in den Westen verliebt hatte.

„Bei Henderson hätte ich Karriere gemacht", sagte er wie betäubt. „Reisen von Des Moines nach St. Louis. Das hat mir gefallen. D.L. Moody, der auf kürzestem Weg sein Glück macht. Moody, der von Erfolg zu Erfolg hüpft. Ich war im Begriff, als jüngster Mann von Chikago eine Bombenkarriere zu machen. Und weißt du, was ich jetzt bin?"

Traurig schüttelte Emma den Kopf.

„Ein arbeitsloser Schuhverkäufer. Handelsreisender ohne Job. Emma, es braucht viel, um mir meinen Mut zu rauben. Aber nie im Leben war ich so mutlos wie jetzt."

Er war ein arbeitsloser Schuhverkäufer. Aber nicht lange. Der junge Mann wußte nur zu gut, daß es ihm nichts half, wenn er herumsaß und sich selbst bedauerte. Nicht alles hatte sich geändert. Er hatte immer noch sein großes Ziel vor Augen, und er hatte Emma.

So sah er sich um und fand bald Arbeit bei Buel, Hill & Granger, einer anderen Schuhfabrik in Chikago.

Man schrieb das Jahr 1859, und Dwight wurde zweiundzwanzig. Er arbeitete wie besessen. Emma Revell traf er häufig, und in seiner Freizeit widmete er sich seiner Sonntagsschule, der jetzt weit über tausend Jungen und Mädchen angehörten.

Bald war er wieder obenauf. Er fand, sein Leben sei gut ausgewogen. Er wußte, was er wollte. Vielleicht würde er alle Konkurrenten ausbooten. Eines Tages würden die Leute den Namen „Moody" auf einer Fabrik oder einem anderen großen Gebäude in Chikago lesen.

Er war überzeugt davon, daß sein Wunsch sich bald erfüllen würde. Bis ihn eines Tages einer seiner Sonntagsschullehrer bei Buel, Hill & Granger aufsuchte.

Der Mann hustete erbärmlich. Deshalb brachte ihn Dwight in den hintersten Lagerraum, stieß ihm einen Schuhkarton hin und bat: „Setzen Sie sich einen Augenblick, Herr Hibbert. Sie sehen schrecklich aus."

Der Husten zerriß die Lungen des Mannes. „Oh, mir geht es gut", versuchte er zu sagen.

„Hmm –" Dwight hatte Zweifel. „Ich habe Sie am Sonntag beobachtet. Ich mach' mir Sorgen um Sie."

Hibbert unterdrückte einen Hustenanfall. „Was tut's, Dwight. Ich muß – sterben."

Dwight starrte seinen Gast schweigend an.

„Meine Lungen. Neulich hatte ich einen Blutsturz. Der Arzt meinte, ich solle in den Osten fahren." Er hustete wieder und lehnte sich erschöpft gegen einen größeren Karton.

Der junge Mann wagte zu sagen: „Wenn Sie sterben, dann können Sie Gott danken, daß Sie Christ sind."

Der Husten wurde zum Seufzer. „Gott weiß, daß ich Christ bin. Aber wenn uns so etwas trifft – frage ich mich nur eins: Was hab' ich für Christus getan?"

„Mehr als die meisten anderen", antwortete Dwight gelassen. „Sie haben in der Sonntagsschule unterrichtet."

„Gerade deshalb bin ich gekommen", stieß der Mann hervor.

„Sie waren ein guter Lehrer."

„Nein. Diese Klasse, diese Mädchenklasse – nicht eine – nicht eine einzige, Dwight –" ein Hustenanfall unterbrach ihn – „nicht eine fragt nach Jesus. Sie sind Heiden, leichtfertige, junge Heiden!"

„Ach, grämen Sie sich nicht deswegen. Wenn Sie wieder im Osten sind, können Sie für sie beten."

„Das genügt nicht." Der Mann hustete in sein Taschentuch. Dwight versuchte, seine Augen von dem roten Flecken wegzuwenden. Dann bat Hibbert ihn um Hilfe.

Er wollte alle Mädchen seiner Klasse besuchen und sie fragen, ob sie Jesus als Retter annehmen wollten. Er mußte es tun, bevor er nach dem Osten fuhr, denn er fuhr hin, um zu sterben. Er erklärte, daß er Dwights Kraft nötig habe, deshalb bat er ihn, ihn bei diesen Besuchen zu begleiten.

Bestürzt antwortete sein Gegenüber: „Das hab ich noch nie im Leben gemacht. Ich dachte, das sei Aufgabe der Ältesten. Die wissen mehr als ich." Er war ein Frontkämpfer. Er konnte die Leute in die Kirche einladen, aber wenn es darum ging, ein seelsorgerliches Gespräch zu führen, schreckte er zurück. Es war besser, diese Arbeit denen zu überlassen, die die nötige Ausbildung und das nötige Wissen hatten – und das kam erst mit dem Alter.

Aber Herr Hibbert, unterbrochen von Hustenanfällen, bestand darauf, daß Dwight mitkäme. Er brauchte eine Droschke, und Dwight konnte sie ihm besorgen. Erleichtert nickte er. Ja, natürlich, dazu sei er schon zu haben. Er würde gern Herrn Hibbert zu den Wohnungen der Mädchen begleiten.

Doch das genügte dem Mann nicht. „Sie kommen doch mit mir hinein?"

„Aber ich bin doch nicht geeignet –"

Hibberts einzige Antwort war ein furchtbarer Hustenanfall. Sein Mund blieb offen, die Augen starrten ins Leere. Erschreckt rief Dwight: „Schon gut, ich komme mit Ihnen!"

Die Reise durch die Stadt war genauso unangenehm, wie er es vemutet hatte. Er war zwar schon vorher in diesen Mietskasernen gewesen, hatte die Kinder mit Zuckerstengel, die halbbetrunkenen Väter mit Scherzworten unterhalten. Niemals jedoch hatte er den Leuten eine Predigt gehalten. Hibbert dagegen predigte in jedem Haus, und Dwight war mit dabei.

„Peggy, du brauchst Jesus. Ohne ihn gibt es kein wirkliches Leben. Ohne ihn ist der Tod furchtbar." Zwanzig Minuten lang hatte Hibbert gesprochen, aber das Mädchen Peggy saß teilnahmslos in dem Lehnstuhl mit den gebrochenen Sprungfedern, strich sich das Haar zurück und richtete ihren ausdruckslosen Blick auf Hibbert. Dwight dachte, es wäre an der Zeit, aufzustehen und zu gehen. Hibbert hustete erbärmlich, und als er endlich wieder atmen konnte, flüsterte er: „Bete du mit ihr, Dwight!"

„Hm –" seufzte Dwight. Eine kurze Pause entstand. Er schloß die Augen und versuchte an Gott zu denken statt an die schäbige Wohnung. Zu seiner großen Überraschung war Gott ebenso nahe wie immer, wenn er allein mit ihm sprach. So betete er, als ob er mit einem Freund im gleichen Zimmer spräche.

„Lieber Gott, würdest du es bitte Peggy erklären? Mach doch, daß Peggy begreift, daß Jesus Christus dein Sohn ist und daß er gestorben ist, damit ihr Leben anders werden kann. Hilf doch, daß sie begreift, daß alles anders wird, wenn sie Jesus annimmt als ihren Retter. Ähh – Amen."

Sekundenlang hörte man in dem Zimmer keinen Laut als das unterdrückte Husten von Hibbert. Dann lehnte sich Peggy nach vorn, ihre Hände lagen ruhig im Schoß. „Du redest ja mit Gott, als ob du ihn kennen würdest."

„Das tue ich auch", entgegnete Dwight.

„Du meinst – das von Jesus Christus – meinst du es wirklich so, wie du es gesagt hast?"

„Ja – er ist der einzige Weg, um Gott kennenzulernen." Peggy betrachtete ihre abgetragenen Schuhe. „Glaubst du, daß ich das auch könnte? Gott kennenlernen, meine ich."

Dwight schaute auf Hibbert. „Peggy", keuchte Hibbert, der mit einem neuerlichen Hustenanfall kämpfte, „Gott hat das alles in seiner Bibel niedergeschrieben. Sieh mal, hier –"

Andere Wohnungen stanken nach saurem Bier und Müll. Manchmal ließ ein Mädchen sie eine halbe Stunde lang auf der feuchten, muffigen Treppe stehen, während Hibbert erklärte, weshalb sie gekommen waren. Manchmal wurden sie von einem empörten Vater bedroht, aber sie machten ihre Besuche, bis sie jedes Mädchen der Klasse gesprochen hatten. Als sie ihre Runde beendet hatten, war das Unmögliche geschehen: Fast all die leichtsinnigen Mädchen hatten zugehört, verstanden und zum erstenmal eine Begegnung mit Jesus – in ihren schäbigen, stinkenden Wohnungen.

Es war eine unvergeßliche Erfahrung. Aber Dwight hatte keine Zeit, darüber nachzudenken. Hibberts Husten wurde immer schlimmer. Der Arzt befahl ihm, sofort nach dem Osten zu fahren. Am Abend, bevor er Chikago verließ, kamen alle Mädchen aus seiner Klasse, um sich von ihm zu verabschieden. Eine unprogrammierte, spontane Gebetsversammlung begann.

Peggy betete, und auch die anderen. Schüchterne, kurze Gebete, die aber viel aussagten. „Danke, Gott, daß du Herrn Hibbert zu uns geschickt hast. Er hat uns von Jesus erzählt, und wir werden ihn nie vergessen. Amen."

Dann waren sie gegangen, und im Raum blieb nichts zurück als die Echos der Gebete und der quälende Husten des kranken Mannes. Niemals hatte sich Dwight Gott so nahe gefühlt. Denn etwas, das bis jetzt immer in ihm gewesen war, war jetzt verschwunden. Er hatte keine Ahnung, wann oder wie es geschehen war. Auf jeden Fall war sein quälender, brennender Ehrgeiz verschwunden – der Ehrgeiz, der ihn aus seinem engen Heimattal nach Boston, von Boston nach Chikago und von Wiswall zu Henderson gejagt hatte.

Jetzt hatte er etwas Besseres kennengelernt. Er versuchte, seine neue Erfahrung in Worte zu kleiden. „Das Leben der Menschen zu verändern – ja, das ist besser, als Schuhe zu verkaufen. Sie – und ich – wir haben diesen Mädchen von Jesus erzählt und daß er ihr Leben von Grund auf verändern könne."

Husten. Hibbert sagte nichts.

„Noch nie im Leben hab' ich mich so wunderbar wohl gefühlt. Das war viel besser, als Dutzende von Schuhen zu verkaufen und einen Riesengewinn einzustecken."

Hibbert begann zu lachen, aber um seine Lippen zitterte der Schmerz.

„Ich verstehe nicht, was heute abend mit mir passiert ist, Herr Hibbert. Etwas ist geschehen! Wenn Sie nach Osten fahren, beten Sie für mich! Beten Sie, daß Dwight L. Moody niemals den Segen vergißt, den er heute abend erhalten hat."

Als er spät abends nach Hause ging, wußte er, daß sich sein ganzes Leben verändert hatte – und das in dieser einen, einzigen Woche. Er fragte nicht mehr, ob er sein Glück machen könne. Plötzlich erkannte er, was es mit dem ganzen Streben nach Geldverdienen auf sich hatte – es war nichts als eine Falle. Die Suche nach dem Glück war eine Falle, so eng wie das Tal von Northfield, aus dem er weggelaufen war. Aber jetzt war er gewachsen, war groß und selbständig geworden. Er wollte das Reichwerden vergessen, vergessen, daß er sich vorgenommen hatte, jeden Verkaufsrekord zu brechen. Ja, er wollte sogar die Schuhe vergessen.

Es gab nur eines, das zu tun sich lohnte. Nun, er hatte es ja schon lange getan, aber nur mit einer Hand, wie der Oberst es formuliert hatte. Jetzt aber würde er es mit beiden Händen, mit ganzem Herzen und voller Energie tun. Er wollte Missionar für die ganze Stadt Chikago werden.

Gott würde für ihn sorgen, wenn er sein Vertrauen auf ihn setzte. Plötzlich kam er sich größer und stärker vor als je zuvor. Als er auf dem Gehsteig nach Hause ging, fühlte er sich wie emporgehoben – als ob er schwimmen würde. Im Licht der Straßenlaternen schien sogar der Müll aus Gold zu sein. Mit hocherhobenem Kopf lief er gegen den Wind, der vom See her blies. Er fühlte sich stark und ließ sich vom Wind durchblasen, als ob er ihn bis tief ins Herz hinein reinigen könnte.

Auf einmal fiel ihm Emma ein. Was würde sie sagen, wenn er ihr eröffnete, daß er Missionar werden wolle für alle, die ihn brauchten? Gott würde ihnen schenken, was sie zum Leben brauchten, darauf wollte er vertrauen!

9

Dwight schlug mit solcher Energie einen Nagel ein, daß die Fensterscheiben in dem kleinen Hinterzimmer der Methodistenkirche klirrten. Nur einer fehlte noch, dann waren es sechs und somit genug Haken für seine Kleider – für die, die er jetzt besaß und die er vermutlich noch lange Zeit haben würde.

„Du wartest womöglich darauf, Dwight, daß ich dir sage, was für ein Glück es ist, daß die Kirche dich hier wohnen läßt!“ Emma schwirrte wie ein Grashüpfer im Zimmer hin und her, staubte ab und stellte die Stühle zum x-ten Mal anders hin.

„Tut sie ja gar nicht“, antwortete Dwight lässig und zielte mit dem Hammer auf den letzten Nagel. „Der CVJM hat dieses Zimmer für die Mittagsgebetsstunden gemietet. Offenbar wollen sie herausfinden, ob ich genug arbeite, um meine Miete zu verdienen.“

Emma war noch nicht fertig. „Aber da kannst du lange warten. Nie werde ich etwas in dieser Richtung sagen!“

Das klang richtig ärgerlich. Der Nagel war drin, Dwight drehte sich um und sah sie an.

„Du kannst doch hier nicht wohnen! Kein Mensch kann in dieser Kammer wohnen!“

Und er war der Meinung gewesen, sie habe seinen Entschluß, seinen Arbeitsplatz aufzugeben, gebilligt! Doch offensichtlich hatte sie sich nicht damit abgefunden.

„Das Zimmer ist in Ordnung!“ erklärte der junge Mann bestimmt.

Sie hörte mit dem Abstauben auf und schüttelte verärgert den Staubwedel. „Du hast ja nicht einmal eine Küche. Du wirst glatt verhungern!“

„Nicht, solange ich zwei gesunde Beine habe, die mich über die Straße ins Gasthaus tragen!“

Sie war im Begriff, ihm die Freude über seine neue Tätigkeit zu nehmen. Er war Gott dankbar für diese praktische Lösung seines Finanzproblems. Ein Zimmer gegen etwas Missionsarbeit für den CVJM!

„Dieses Loch! Du bringst dich ja um.“

Dwight wandte sich wieder seinem Nagel zu. „Es ist billig.“

„Nicht einmal einen Schrank hast du hier!“ Er gab keine Antwort. Offensichtlich paßte es Emma nicht, wenn er die Kleider einfach an Nägeln aufhing. Na, sie mußte ja nicht hier wohnen.

„Ach, Dwight!“ Sie begann zu weinen, und er konnte nichts tun, um sie zu trösten. Höchstens sein Vorhaben aufgeben, aber das wollte er nicht. Nicht einmal Emma zuliebe. Er legte den Hammer weg, ging durchs Zimmer und nahm sie in die Arme. „Ich dachte, du verstehst mich“, sagte er leise. „Das ist das Größte, das mir je im Leben geschehen ist. Nun bin ich frei und kann das tun, was ich für richtig halte.“

„Frei, um auf deinem verrückten Roß in der ganzen Stadt herumzureiten!“

Nein, das war nicht fair. Sie erklärte ihn für verrückt. Genau wie die Zeitungen, wenn sie Bilder von ihm brachten, wie er hoch zu Roß ganze Scharen von Jungen und Mädchen in die Sonntagsschule schleppte. Geduldig versuchte er, ihr immer wieder seine Absicht zu erklären.

„Emma, kannst du es wirklich nicht einsehen? Ich hab jetzt Zeit, viel Zeit. Zeit ist wertvoller als Geld. Ich habe endlich Zeit, vielleicht zweitausend Kinder zur Sonntagsschule zu bringen. Zeit, um zu den Leuten zu gehen und ihnen zu sagen, daß sie Jesus Christus brauchen. Zeit genug, um in die müden CVJM-Gebetsversammlungen etwas Schwung zu bringen. Zeit, um auf die Straße zu gehen und Leute hereinzubringen, um etwas Neues aus ihnen zu machen. Das werde ich tun, Emma. Und dabei bin ich so glücklich, daß ich nicht weiß, wohin mit der Freude!"

Sie gab keine Antwort. Er schlug den letzten Nagel ein. Als er den Hammer hob, sagte sie: „Genau, als ob du für Henderson ein neues Gebiet erobern wolltest." Ihr Stimme klang leise und scharf.

„Wie bitte?" Dwight glaubte, nicht recht gehört zu haben.

„Zweitausend Kinder herbeischleppen. Leute hereinholen! Dwight, du verstehst gar nicht, worum es geht. Den Leuten auf verständliche Art von Jesus erzählen ist nicht das gleiche wie ihnen ein Paar Schuhe anzuprobieren und ihnen einzureden, daß sie passen."

Nun war sie aber schwer vom Thema abgewichen. Typisch Frau. Was sie sagte, hatte doch gar keinen Sinn. „Beides ist doch eine Art Verkauf, oder etwa nicht?" verteidigte er sich.

„Aber hier geht es doch um Religion, Dwight! Um den christlichen Glauben! Das hat doch nichts zu tun mit Schuheverkaufen. Du solltest die zwei auseinanderhalten lernen, bevor du mit deiner Arbeit beginnst."

Er sah ihr zu, wie sie ihren Hut nahm und ihn ein wenig schief aufsetzte, denn in dem Zimmer war kein Spiegel.

„Du gehst schon?"

„Ja", antwortete sie ruhig. „Bevor ich noch mehr sage. Oder mehr sehe."

„Noch mehr sehe??"

„Dwight, hältst du mich eigentlich für dumm? Du hast ja nicht mal ein Bett hier drin! Vermutlich wirst du auf diesen harten Bänken schlafen? Dein Plan wird niemals funktionieren."

„Mein Rücken ist in Ordnung. Der hält das aus", protestierte er. Aber sie war schon weg. Ihr Hut hatte bedenklich Schlagseite, als sie durch den langen Kirchgang davoneilte.

Mit hängenden Schultern sah er ihr nach. Sie irrte sich. Klar. Sein Plan war keineswegs verrückt. Er mußte gelingen. Außerdem hatte er sein Bankkonto im Rücken. Die siebentausend ersparten Dollar würden für lange Zeit reichen. Der Umzug in die Kirche war eine sorgfältig erwogene Sparmaßnahme gewesen.

Er hatte alles nüchtern und sachlich überlegt, bevor er seine Arbeit aufgegeben hatte. Und wo Sparsamkeit und asketisches Leben nicht mehr genügten, da begann sein Vertrauen auf Gott. Wenn er seine Zeit für die Sache Gottes in Chikago einsetzte, würde Gott ihm irgendwie geben, was er zum Leben brauchte.

Nein, es war kein verrückter Plan. Es war sein Glaube, der stetig gewachsen war und immer noch wuchs, seit dem Tag, an dem Ed Kimball ihn in seines Onkels Schuhgeschäft besucht hatte.

Und das andere – Verkauf des Evangeliums gleich Schuhverkauf – warum auch nicht? Es war die Gabe, die er Gott zur Verfügung stellen wollte. Seine Fähigkeit, die Leute zu überzeugen und zu begeistern. Emma war es, die alles durcheinanderbrachte. Sie war außer sich. Nun, sie würde auch noch zur Vernunft kommen. Voller Glück überlegte er, wie herrlich es doch war, etwas so enorm Wichtiges wie die frohe Botschaft von Jesus an den Mann zu bringen, mehr

Kinder in die Sonntagsschule einzuladen und in die Mittags-Gebetsstunden Leben zu bringen. Vorerst waren dies seine beiden Aufgaben, die er als unabhängiger Missionar in der Stadt zu erfüllen hatte, und er konnte es kaum erwarten, damit zu beginnen.

Dwight L. Moody war überzeugt davon, daß eine Gebetsversammlung für Geschäftsleute im Zentrum von Chikago äußerst wichtig sei. Er setzte es sich zum Ziel, diese Gebetsversammlung so lebendig zu gestalten, daß mindestens doppelt soviele Leute kommen würden wie bisher. Er begann seine Arbeit auf die einzige Art und Weise, die ihm geläufig war – er stellte sich vor die Tür und „verkaufte" seinen Kunden vom ersten Augenblick an, was er hatte.

„Hier, nehmen Sie ein Liederbuch!"

„Bitte, kommen Sie herein und nehmen Sie Platz!"

„Der CVJM und Dwight L. Moody begrüßen Sie herzlich. Nehmen Sie nur ein Buch und setzen Sie sich!"

Begeistert amtierte er als Vorsänger. „Stehen Sie bitte ein wenig schneller auf – und machen Sie nicht ein Gesicht, als ob Sie der Schuh drücken würde!"

Auch eine kurze Bibelauslegung gehörte zu seinen Aufgaben. Er sprach so unumwunden, als ob er einem Schuhhändler erklären müßte, wie er sein Lager aufstocken solle. „Diese Gebetsversammlung kann nicht besser werden, wenn sich nicht ein paar von euch alten Knaben gründlich ändern. Ihr könnt nicht mit Karten und anderen Glücksspielen euer Geld verjubeln und gleichzeitig erwarten, daß in unserer Gebetsversammlung etwas Großes geschieht."

Wahrscheinlich hörte er das unwillige Gemurmel seiner Zuhörer sehr gut – schenkte ihm aber keinerlei Beachtung. Vielen paßte die Art, wie er sein Liederbuch herumschwenkte und aus voller Kehle sang, ganz und gar nicht. Etliche störten die Kleider, die so offen an den Nägeln hingen, und der Geruch von Zwiebeln und Käse, Moody's frugalem Mittagessen. Andere rümpften die Nase über seine fehlerhafte, grobe Ausdrucksweise. Sie wollten sich von einem vierundzwanzigjährigen Grünschnabel keine Beleidigungen an den Kopf werfen lassen. Das Volksgemurmel schwoll erheblich an, aber mit der Zeit verstummte es.

Die Unzufriedenen kamen nicht mehr.

Fassungslos mußte Dwight erleben, daß sein großer Plan, an den er seine ganze Energie gewendet hatte, sich in nichts auflöste. Die Besucherzahl wurde von Mal zu Mal kleiner. Niemand sprach darüber, wenigstens nicht zu ihm direkt. Und eines Tages kam niemand mehr außer einer alten Frau.

Sie schien sich über das Geschehene auf naive, boshafte Art zu freuen. „Ich habe es längst kommen sehen. Jedesmal ein paar Zuhörer weniger. Wir leben in einer bösen Stadt, junger Mann. Kaum auszudenken, wo diese Männer jetzt ihre Mittagspause verbringen."

Mürrisch stand der junge Moody an der Tür. Die alte Oma auf der Bank verdroß ihn. „Ich verstehe das nicht", murmelte er kopfschüttelnd. „ich habe das Wort Gottes verkündigt und habe so viele eingeladen."

„Sie haben die Falschen erwischt, mein Lieber. Wenn die nicht mehr kommen wollen, dann laden Sie doch andere ein!"

Er hob den Kopf und schaute die alte, selbstgerechte Frau zum erstenmal richtig an. Möglich, daß sie recht hatte. Er konnte ja auch andere Leute einladen.

„Wohin gehen Sie denn, mein Junge?" rief ihm die Alte nach. „Was soll aus unserer Gebetsversammlung werden? Wo zwei oder drei im Namen des Herrn versammelt sind –"

Er hatte ihren Vorschlag sofort in die Tat umsetzen wollen.

„Halten Sie mir einen Ihrer erbaulichen Vorträge, junger Mann!" Die alte Frau setzte sich behaglich in der Bank zurück. „Einen, in dem Sie den Leuten so richtig klarmachen, wie verwerflich es ist, wenn man Karten spielt und am Geld hängt. Das hat mir gut gefallen."

An jenem Nachmittag ging er auf Straßen, in Büros und Geschäfte, zu Bekannten und Unbekannten, und verteilte Einladungen für die mittägliche Gebetsstunde. Er konnte die menschliche Natur beurteilen, das hatte er als Verkäufer gelernt. Nun beurteilte er die Menschen nach Alter und Würde. Er wußte, daß er von beidem nicht viel besaß. Wie aber, wenn er Leute einlud, die zu ihm paßten – jung, unbeschwert und aufgeschlossen – dann konnte er seinen Gebetsraum wieder füllen!

Tagelang arbeitete er auf dieses Ziel hin. Und die Gebetsversammlungen wuchsen. Einige Alten kamen zurück, nicht sehr überzeugt, und blieben aus Treue und Neugier. Die meisten Männer aber, die sich jetzt in dem kleinen Hinterzimmer der Methodistenkirche drängten, waren jung und unkompliziert. Ihnen machte es nichts aus, auf dem Fußboden zu sitzen, wenn Stühle und Bänke besetzt waren.

Nun wurde die Mittagsgebetsstunde ein voller Erfolg. Und Dwight wußte, daß er seinen ersten Job für Gott gut ausgeführt hatte.

Plötzlich hatte es den Anschein, als ob alles auseinanderfallen würde. Im April 1861 wurde eine Kanonenkugel in Nord-Karolina abgefeuert. Sie flog quer durch die Vereinigten Staaten und teilte sie in zwei Lager. Nord und Süd standen sich gegenüber. Moody aus dem Norden erinnerte sich an den Tag, da er und Präsident Lincoln Seite an Seite in der Markthalle gestanden hatten.

„Du *kannst nicht* Soldat werden, Dwight!"

„Emma, lies einmal, was Präsident Lincoln schreibt. Er braucht Männer."

„Willst du denn deine Sonntagsschule und die Gebetsversammlungen im Stich lassen? Nach all den Anstrengungen – nach all deiner Mühe und Arbeit?"

„Aber das Land ist in einer fürchterlichen Klemme, Emma. Ich muß doch helfen!"

„Und was wird aus mir?"

„Auch im Krieg kann man heiraten. Wir könnten ja vorher heiraten", sagte er kläglich.

„Das hast du schon vor einem Jahr gesagt, als du deine Arbeit aufgegeben hast. Jetzt sind wir immer noch nicht verheiratet! Sag, willst du dich wirklich anwerben lassen?"

Das hätte er genauso gern gewußt wie sie. Er dachte an den Präsidenten, und er dachte an seine Sonntagsschule. Dann erinnerte er sich an das Gebot: „Du sollst nicht töten". Er war doch kein Quäker, oder? Alles, was er Emma hier in Revells Wohnzimmer sagen konnte, war: „Ich weiß nicht, was richtig ist. Niemand weiß es. Ich muß zuerst Gott fragen und dann warten."

Vielleicht konnte er auch einen von den CVJM-Leitern fragen, was richtig war. Er wollte dem Präsidenten und seinem Land helfen. Aber – er hatte sich Gott zur Verfügung gestellt.

Der CVJM schlug eine ungewöhnliche Lösung vor. „Mach beides!" sagten sie. „Wir werden dir mit den Finanzen helfen."

Erstaunt und erleichtert hörte er sich ihren Plan an: Sie wollten ihn zum Feldprediger für die Truppen des Nordens ernennen. Camp Douglas lag nur ein paar Meilen außerhalb von Chikago. Er konnte einen Tag dorthin fahren, Versammlungen halten und dann zu seiner Sonntagsschule und den Gebetsstunden wieder zurück in Chikago sein.

Wenn der Krieg länger als ein paar Wochen dauern sollte, könnte er auch Gottesdienste für die Verwundeten halten. Das würde der Sache dienen. Wäre er bereit dazu?

„Ich denke ja!" erklärte er.

Noch während sie die Zelte aufschlugen und das erste Regiment in Camp Douglas einmarschierte, kam Moody an und hielt mit den einsamen, erregten Männern seine erste Gebetsversammlung. Bald baute der CVJM eine behelfsmäßige Kapelle, und der junge Prediger pendelte zwischen seiner Chikagoer Arbeit und dem Lager hin und her.

Es war eine aufregende, zermürbende Zeit, aber er liebte seine Aufgabe. Die Tage, da er Angst hatte, mit einem jungen Mädchen über Jesus zu sprechen, lagen weit zurück. Nun brachte er die meiste Zeit des Tages mit kurzen, einfachen Predigten und seelsorgerlichen Gesprächen zu, in denen er die Soldaten auf Jesus hinwies und ihnen erklärte, was es bedeutete, mit ihm zu leben.

Die Kämpfe dauerten an. Moody fuhr an die Front. Richmond, Chattanooga, Murfreesboro. Die Offiziere erlaubten ihm, die Verwundeten auf dem Schlachtfeld zu besuchen.

„Ich bin ganz nahe bei dir, mein Junge!" flüsterte er einem Verwundeten zu und kniete sich neben ihn. „Und Gott ist auch hier."

Stöhnen. Dann die Frage: „Was ist das? Eine Bibel?"

„Gerade jetzt ist Gott hier und spricht zu dir. Kümmere dich nicht um die Jungs, die da herumliegen. Hör mir einfach zu. Also hat Gott die Welt geliebt, daß er seinen einzigen Sohn gab –“

Zurück nach Chikago, zu Emma. Immer wieder fragte sie: „Wann ist dieser schreckliche Krieg denn zu Ende, Dwight? Wird es so weitergehen, bis wir alte Leute sind? Ich fühle mich jetzt schon alt – und bin doch erst siebzehn.“

Dwight entgegnete: „Du hast recht. Der Krieg geht weiter, und wir werden alt.“ Er war gerade fünfundzwanzig geworden. „Es hat keinen Sinn, noch länger zu warten. Viele heiraten während des Krieges. Soldaten – und andere Leute.“

Also heirateten Emma und D.L. Moody im August 1862. Sie mieteten ein Häuschen im Norden Chikagos. Dwight war überzeugt davon, daß es im ganzen Land keine schönere Kriegsbraut gab als seine Emma.

Im Oktober war er wieder draußen in den Lagern. Dann kam er zurück nach Chikago, um die Arbeit in der Sonntagsschule und die Gebetsversammlungen weiterzuführen. Und wieder ging es an die Front zurück.

„Willkommen in Cleveland, Tennessee, Herr Moody!“

„Mein einziger Wunsch ist eine warme Mahlzeit“, gab er gewöhnlich zur Antwort. „Dann kann ich meine Predigt beginnen.“

„Die Männer brauchen Ihre Botschaft. Sie stehen direkt vor einem heißen Gefecht.“

„Zeigt mir ihr Zelt, und ich will ihnen das Heil zeigen!“ Ach, dies war so viel besser, so viel aufregender, als Schuhe zu verkaufen.

Im Jahre 1864 verbannte Moody die Erinnerung an tausend sterbende Männer aus seinem Gedächtnis – und hielt seine erste Tochter auf dem Arm. „Geh vorwärts und schrei!“ sagte er zu ihr. „Du bist mitten in einem schrecklichen Krieg geboren, Emmachen! Überall Männer, die kämpfen und sich gegenseitig umbringen.“

1865 hielt Präsident Lincoln eine Rede: „Mit Entschlossenheit wollen wir das Recht verteidigen, wie Gott es uns zeigt, was recht ist. Laßt uns das Werk vollenden, das wir angefangen haben: die Wunden der Nation zu verbinden ... Laßt uns alles einsetzen, um das Ziel zu erreichen, nämlich einen dauerhaften, gerechten Frieden zwischen allen Nationen!“

Der Krieg zwischen den Nord- und Südstaaten war vorüber. Moody kehrte zurück nach Chikago, zu seinem Häuschen im Norden der Stadt, nahm die kleine Emma in seine Arme und erklärte seiner Frau, daß er nun nicht mehr weggehen würde.

10

Schon auf dem Weg zur Versammlung des CVJM wußte er, wie die Sache ausgehen würde. Unterwegs sprach er sich selbst Mut zu für die Auseinandersetzung, die ihm bevorstand. Die Versammlung war im Begriff, einen neuen Vorstand zu wählen, der sich mit dem Bau des neuen CVJM-Gebäudes zu befassen hatte. Das würde nicht ohne Kampf abgehen. Und der Kampf ging in erster Linie um ihn selbst.

Grimmig lächelte er vor sich hin. Während der letzten Wochen hatte es in der Gemeinde gewisse Spaltungen gegeben. Einige wollten ihn als Präsident der Baukommission sehen und ihm die große Aufgabe übertragen, das nötige Kapital für ein neues Haus aufzubringen, weil das alte aus den Nähten platzte. Dabei stützten sie sich vor allem auf die Tatsache, daß Moody gerade für seine Gemeinde, die bisher in der Markthalle Versammlungen abgehalten hatte, eine hübsche neue Kirche gebaut hatte.

Aber wie hatten die anderen dagegen opponiert!

„Dieser grüne Junge zieht noch den Ärmsten die letzten Dollar aus der Tasche, um seine Kirche zu bauen! Ich glaube, er ritt sogar mit seinem Gaul in die Hinterhöfe und rief den Hausfrauen zu, sie sollten auch etwas für die Kirche beisteuern. Dann rissen die Frauen ihre Küchenfenster auf und warfen ein paar Pennies hinunter. Würde er die gleichen Methoden bei den Chikagoer Geschäftsleuten anwenden?“

Er wußte genau, was sie hinter seinem Rücken flüsterten: „Nichts als lautes Geschrei. Und dann erst sein Englisch!“ Und weiter: „Wir müssen alles dransetzen, diesen verrückten Moody davon abzuhalten, den guten Namen des CVJM zu ruinieren. Er kennt ja keine Grenzen und wird uns alle zu Narren machen. Ja, wir müssen unbedingt dafür sorgen, daß dieser verrückte Kerl nicht noch mehr kaputtmacht.“

Der Vorwurf, daß er sich über alle Grenzen hinwegsetze, das klang genau nach Onkel Samuel, damals in Boston. Immer wieder stellte Dwight überrascht fest, daß es sehr viele Onkel Samuel gab. Und sie saßen auch nicht alle in Neu-England, leider. Diese Leute begriffen nicht, daß ein Mensch nicht viel leisten konnte, wenn er nicht seine ureigensten Ideen verwirklichen durfte.

Nun, ob man ihn als Präsident wählte oder nicht, spielte im Grunde genommen keine Rolle. Er hatte bereits eine gute Idee verwirklicht, und sie hatte sich bezahlt gemacht. Befriedigt lächelte er vor sich hin, als er an seinen Besuch im Rathaus dachte.

„Aber Herr Moody, ich hatte doch keine Ahnung davon, daß der CVJM bauen will!“ hatte das hübsche Fräulein vom Finanzamt gesagt.

Dwight hatte ihr dann erklärt: „Es ist noch nicht ganz entschieden, aber ich glaube, sie werden es tun. Es wäre fein, wenn ich von Ihnen ein Schreiben in der Hand hätte, das besagt, daß solche Gebäude steuerfrei sind. Das könnte der Gemeinde zu einer positiven Entscheidung helfen, wissen Sie.“

Das hübsche Fräulein stellte noch ein paar Fragen, schrieb dann ein paar Worte auf ein paar Blätter und drückte dem Ganzen zu guter Letzt ein riesiges Siegel auf. Die Papiere und das Siegel bedeuteten, daß das neue CVJM-Gebäude – wann und wo auch immer es gebaut würde – von jeglicher Steuerabgabe befreit sei.

Es war so einfach gewesen, erinnerte er sich. Zuerst waren etliche Gemeindeglieder sehr überrascht gewesen, als er ihnen davon erzählte. Aber jetzt freuten sich alle darüber. Und das war nur deshalb geschehen, weil er eine ihm gezogene Grenze überschritten hatte.

Als er schließlich im Saal des CVJM ankam, war die Debatte längst im Gang. Seit einer Stunde hatten sie über die Wahl des Baukomitees gestritten. Über dem kleinen Raum hing der Geruch von schwitzenden, enttäuschten Männern. Moody stand an der Tür und hörte zu.

„Der Wahlkampf ist ohnehin ein schmutziges Geschäft, und wir sind verpflichtet, harte Wahrheiten auszusprechen." Das war einer der alten Knaben von Dwights Gebetsversammlungen, der ausgestiegen und durch junge Leute ersetzt worden war. „Ich habe nichts gegen Herrn Moody. Ich möchte nur nicht, daß er mit der Beschaffung der Gelder betraut wird. Wählt man ihn aber zum Präsidenten, wird genau das seine Aufgabe sein. Dann wird er unser Vertreter bei allen großen Geschäften der Stadt."

„Er hat schließlich erreicht, daß wir keine Steuern bezahlen müssen!" rief eine Stimme. Dwight versuchte zu erkennen, wer der Mann war.

„Und er hat die Kirche in der Illinois Street gebaut, nicht wahr?" Wenigstens zwei Freunde hatte er hier, das war schon etwas.

Aber der Mann auf dem Podium hatte doch die Mehrzahl der Anwesenden auf seiner Seite. „Ich will euch erklären, wie ich die Sache sehe. Die Leute von der Illinois-Street-Church sind ungebildete Proletarier, arme –"

Dwight hatte genug gehört. Einige wünschten ihn als Präsident, andere nicht. Vielleicht wurde er gewählt, vielleicht auch nicht. Das würde er bald wissen. Im übrigen schien es ihm eine ungeheure Zeitverschwendung, den ganzen Nachmittag in dem stikkigen, heißen Raum auszuharren. Eine frische Brise wehte vom See her und beflügelte ihn zu produktiver Tätigkeit. An solchen Tagen hatte er seinerzeit immer die meisten Schuhe verkauft.

Er nickte einem Freund auf der anderen Seite des Zimmers zu, sagte einem anderen, daß er später wiederkommen wolle, und verschwand.

Mit schnellen Schritten eilte er davon und ließ sich vom kühlen Wind den Schweißgeruch und den Ärger wegblasen. Sein Ziel war ein Geschäft an der State Street.

„Ich will Ihnen nichts verkaufen, mein Herr. Ich möchte Ihnen nur einen Tip geben, wie Sie mehr verdienen können."

Der aufgedunsene Mann hinter dem Schreibtisch fuhr zusammen und warf dem Fremden einen kühlen, abweisenden Blick zu. „Junger Mann, Sie sollte ich doch kennen! Ich hab' Ihr Bild in den Zeitungen gesehen. Auf einem Pferd! Wie sind Sie überhaupt an meinem Sekretär vorbeigekommen?"

Darauf gab Dwight keine Antwort, fuhr aber dann eifrig fort: „Ich wette, mein Herr, daß Sie sich beim Betrachten dieses Bildes gefragt haben, wie ein junger Mann den ganzen Tag in der Stadt herumreiten kann und Kinder zur Sonntagsschule einladen. Er muß etwas davon verstehen, wie man zu Geld kommt."

„Und was verkaufen Sie jetzt?" Der unwillig zusammengepreßte Mund des Mannes zog eine schmale Linie durch sein Gesicht.

„Nichts. Ich will Ihnen raten, wie Sie mehr Geld verdienen können."

„Also, wenn das so ein religiöser Quatsch –"
„Keine Spur. Es geht um Kapital –"
„Kapital! Und Sie?"
„Schon gehört vom CVJM?"
„Klar. Aber –"

Nun breitete Dwight einen Finanzierungsplan vor ihm aus, der ihn schon seit Wochen beschäftigt hatte und nun, auf seinem Gang durch die Stadt, endgültige Formen angenommen hatte. Jeder, der Schuldbriefe kaufte, erhielt sofort 6% Zins. Später würde der CVJM die Briefe wieder zurückkaufen, und zwar um mehr als das Doppelte des ursprünglichen Preises. Das war genau die Gelegenheit, die sich Moody gewünscht hatte, als er noch hinter seinem Glück herjagte. Deshalb war er nicht im geringsten überrascht, als der Geschäftsmann, der Dwights Vorschlag begriffen hatte, rief:

„Tolle Sache! Fein, daß Sie an mich gedacht haben, Moody! Ich hab' übrigens einen Freund, der da sicher auch mitmacht. Geb Ihnen ein paar Zeilen mit für ihn, sonst läßt man Sie nicht zu ihm durch."

Der Freund kaufte auch. An diesem Nachmittag tauchte er wie ein Wirbelwind in verschiedenen Büros auf. Er überbot sich selbst. Als er endlich wieder beim CVJM ankam, war er zwar todmüde, aber überglücklich.

Sie zählten gerade die Stimmzettel, als er zurückkam. „Fein, da komme ich ja gerade recht!" nickte er dem Freund an der Tür zu.

Der schüttelte verdrossen den Kopf. „Man hat dich als Kandidat gestrichen. John Farwell wurde aufgestellt."

Dwight erinnerte sich daran, daß ihm John Farwell einmal dreihundert Stühle für die Markthalle geschenkt hatte. Er war befreundet mit ihm. „Farwell ist ein guter Mann. Ich dachte, er sei als Vize-Präsident vorgesehen."

Der Mann schüttelte den Kopf. „Sie haben ihre Meinung geändert. Jetzt bist du als Vize vorgeschlagen. Man hat Farwell und dich zusammengespannt. Aber nicht einmal damit waren alle einverstanden."

„Was willst du damit sagen?"

„Sie haben noch einen anderen Kandidaten aufgestellt. Es wird zu einer richtigen Kampfabstimmung kommen."

Dwight zuckte die Achseln. Was immer auch die Auszählung der Stimmen ergeben mochte, er hatte einen guten Nachmittag gehabt. „Ich glaube, ich will hineingehen und denen mal was sagen."

Bekümmert riet sein Freund ab. „Wart doch noch –"

„Warten? Wenn ich etwas zu sagen habe?" Er schlängelte sich hinter den Stimmenzählern durch. Es war nicht schwer, die Aufmerksamkeit der Menge zu gewinnen. Sie hatten längst einen aufregenden Zwischenfall erwartet. Das konnte man auf ihren Gesichtern lesen. Und Dwight würde ihn liefern – ob er nun gewann oder verlor.

„Meine Lieben, ich konnte nicht einfach da herumstehen und mir die Beine in den Bauch treten. Deshalb bin ich gegangen, um ein wenig frische Luft zu schnappen."

Einer der Zähler schimpfte. „Warte mit deiner Rede, bis wir das Resultat haben."

„Ich halte keine Rede", entgegnete Dwight. „Ich will nur schnell was sagen, um die Zeit zu nützen. Außerdem dauert es nicht lange. Heute nachmittag habe ich meine Netze ausgeworfen und ein paar große Fische gefangen." Die Leute horchten auf und wußten nicht, ob sie lachen oder sich auf eine Predigt gefaßt machen sollten. „Tja, es war ein guter Fischzug!"

Er machte eine kurze Pause, um die Spannung zu erhöhen, und rief dann mit lauter Stimme: „Freunde, ich habe heute nachmittag so viele Kreditzusagen bekommen, daß wir damit schon das halbe Gebäude aufstellen können – oder vielleicht sogar ein bißchen mehr."

Atemlose Stille, dann erregtes Gemurmel.

Dwight schwelgte beim Anblick der verblüfften Gesichter. Dann hob er die Hand. „Das ist noch nicht alles. Ich habe ein schönes Grundstück entdeckt und mich danach erkundigt. Es ist wahrscheinlich zu haben."

Weiteres Volksgemurmel. Dann erhob sich der Mann am Zähltisch. Sofort herrschte gespanntes Schweigen. „Freunde, hier sind die Resultate: Der Chikagoer CVJM hat einen neuen Präsidenten, John Farwell. Und als Vize-Präsident –"

Die Leute wußten es, bevor der Name ausgesprochen wurde. Sie schrien und klatschten. Dwight stand glücklich vor ihnen. Es war gut so. Der Präsident hatte einen guten Namen – John Farwell. Und der Vizepräsident würde ihre Schuldbriefe verkaufen und im Handumdrehen das nötige Geld aufbringen.

Während des ganzen folgenden Jahres war dies seine Hauptarbeit. Den Rest seiner Zeit beanspruchte seine Sonntagsschule, die nun eine richtige Kirche geworden war. Sie hatte ein eigenes Gebäude und war bekannt als Illinois-Street-Church. Aber vor allem konzentrierte er sich auf das Beschaffen der Gelder, denn er war überzeugt davon, daß Gott ihn brauchte, um das erste eigene Gebäude des CVJM so schnell wie möglich fertigzustellen. Er besuchte Geschäfte, verkaufte Schuldbriefe und bat um Spenden.

Innerhalb eines Jahres war das Haus fertig, und es war eines der schönsten in Chikago. Der große Saal faßte mehr als dreitausend Menschen. Dann waren da eine Anzahl kleinerer Räume für Gruppenarbeiten und Gebetsversammlungen. Bei der Einweihung war Dwight L. Moody stolz wie ein Spanier. Die Kirche wurde Farwell Hall genannt – nach Dwights Vorschlag – und Gott und seinem Sohn Jesus Christus geweiht.

An diesem Tag wurde Dwight bewußt, daß diese Arbeit jeden Schuhverkaufs-Rekord bei weitem übertraf. Er hatte es geschafft – nur anders, als er es sich vorgestellt hatte. Dwight L. Moody hatte sein Ziel erreicht – aber für Gott, nicht für sich selbst.

Als die Begeisterung über die neue Kirche ein wenig abgeflaut war, entdeckte Dwight bestürzt, daß Emma krank war. Er griff sich an den Kopf. „Da reise ich wie ein Verrückter in der Weltgeschichte herum und merke nicht einmal, daß du krank bist, Emma!“

Zuerst wollte sie nicht darauf achten, aber als der Arzt ihren Husten als Asthma diagnostizierte, wurde es doch ernst.

Asthma. Besorgt sprach Dwight mit dem Hausarzt. Der Doktor meinte, daß Meerluft die beste Medizin sei. Vergnügt lief er nach Hause. Meerluft bedeutete eine Seereise, und eine Seereise konnte nach England führen.

Und England bedeutete, daß er Charles Spurgeon predigen hören würde. Vielleicht konnte er sogar ein Treffen mit diesem älteren Deutschen arrangieren, mit diesem Georg Müller, der so erstaunliche Dinge getan hatte, indem er alle seine Finanzprobleme Gott übergeben hatte. Als er daheim ankam, packte er Emma um die Hüften und wirbelte sie wie ein Schuljunge im Zimmer herum. Die kleine Emma würde bei den Großeltern Revell bleiben, das ließ sich ohne weiteres machen. Gott würde das nötige Geld geben. Bestimmt. Nun konnte er endlich seine Frau für das turbulente vergangene Jahr entschädigen. Sie würden nach England fahren – wegen Emmas Asthma und damit Dwights Träume Wirklichkeit würden.

Im Frühling 1867 legten sie in Bristol an. Dwight war unterwegs zu den Hügeln, auf denen der Mann, der neben ihm herging, seine Kinderheime erbaut hatte.

„Ach, Herr Moody, Sie rennen viel zu schnell. Meine sechzigjährigen Beine können nicht mehr mit Ihnen Schritt halten", klagte Georg Müller keuchend.

Dwight versuchte, seine Gangart der seines Begleiters anzupassen. Der alte Deutsche war ein seltsamer Mann. Etwas überspannt? Dwight hatte einen Mann erwartet, rau und energiegeladen wie ein neuer Motor. Statt dessen stellte sich Georg Müller als ausgesprochen friedlicher Mensch heraus – wie einer, der den größten Teil seines Lebens damit verbracht hatte, Geduld zu üben und auf die Stimme in seinem Inneren zu lauschen.

Endlich waren sie auf den Höhen von Bristol angekommen. Vor ihnen lagen die drei massivsten Ziegelbauten, die Dwight je gesehen hatte. Sie waren so wuchtig, daß die Hügel unter ihnen wie ein Kinderspielzeug wirkten. Es waren die Kinderheime, entstanden aus der Glaubenskraft eines einzigen Mannes. Dwight war zutiefst beeindruckt, und er zollte ihnen das höchste Lob, das er kannte: „In ganz Chikago findet man keine besseren Häuser."

Georg Müller neigte leicht den Kopf und verbeugte sich nach alter europäischer Sitte. „Danke schön."

Hinter den drei bestehenden Häusern waren zwei weitere im Bau begriffen. Die Arbeiter waren emsig am Werk. Die Fundamente waren gelegt, der Geruch der frischgebrannten Ziegel erinnerte Dwight an das vergangene Jahr, als Farwell Hall entstand. Herr Müller würde sich bestimmt dafür interessieren, deshalb schnitt Dwight dieses Thema an.

„Auf Anhieb habe ich zehntausend Dollar von Cyrus McCormick bekommen. Er ist einer von Chikagos reichsten Männern, müssen Sie wissen."

Dwight erwartete nun eigentlich ein lobendes Wort aus Herrn Müllers Mund. Statt dessen stand er da und inspizierte seine Ziegel. Der junge Amerikaner fragte sich, ob der Mann wohl schwerhörig sei.

Er fuhr fort: „Dies hier erinnert mich an meine eigenen Bauten. Ich glaube, Sie und ich, wir haben etliches gemeinsam. Eine schrecklich anstrengende Zeit, nicht wahr? Manchmal war ich von morgens bis abends ununterbrochen unterwegs. Lief von einem Büro zum anderen, bat um Spenden, und dann –" brach er ab, als er merkte, daß Georg Müller ihm gar nicht zuhörte. „Deshalb wollte ich Sie eigentlich treffen."

„Ach ja? Weshalb denn?" Der Mann hatte also doch zugehört.

„Wie steht es hier mit der Finanzierung? Ich nehme an, Sie können mir ein paar wertvolle Hinweise geben."

Georg Müller erwiderte nichts. Dwight wurde ungeduldig. „Nennen Sie mir Ihr Geheimnis, Herr Müller! Wie bringen Sie Ihre Mittel auf?"

Irgendwo lachten und spielten kleine Mädchen. Georg Müller schien ihnen zuzuhören. Nach langem Schweigen antwortete er: „Ich habe gebetet, Herr Moody. Ich habe gebetet."

„Das weiß ich. Aber –"

„Das ist alles. Ich habe einfach gebetet. Ich war in keinem einzigen Büro und habe keinen um Geld gebeten. Entschuldigen Sie, aber so war es. Ich habe niemals einen Menschen um Geld gebeten. Junger Mann, Sie haben um einen Rat gefragt. Ich will Ihnen einen geben."

Der alte Mann lauschte wieder auf die Stimmen der Kinder. „Dieser Rat betrifft nicht so sehr den Mann, der Häuser baut. Er gilt eher dem Mann Dwight Moody."

Sein Gegenüber wartete und wunderte sich.

„Es ist nicht sehr viel, was Dwight Moody, ein junger Mann von knapp dreißig Jahren, für Gott tun kann. Das ist es, was ich aus Ihrem Bericht heraushöre. Wieviele Geschäftsleute Sie besucht haben. Wie Sie herumgerannt sind. Wie man Ihnen Kredite versprochen hat. Aber – es ist mehr, viel mehr – *was Gott für Dwight Moody tun kann.* Verstehen Sie, was ich meine?"

Dwight scharrte mit den Füßen im Gras. Weit unten im Hafen sah er die Schiffe, die dort vor Anker lagen. Alles schien so unwirklich, und dieser alte Mann wirkte auf ihn wie ein Fanatiker. Nach langer Pause antwortete er leise: „Ich verstehe, Herr Müller."

Er und Emma waren nach London gekommen, weil es sein heißer Wunsch gewesen war, den größten aller Prediger, Charles Spurgeon, zu hören. Tief in seinem Herzen steckte Angst – er fürchtete, enttäuscht zu werden. Als er endlich die Kirche fand – Metropolitan Tabernacle – wäre er beinahe wieder weggegangen. Kein Mensch hatte ihm gesagt, daß man eine Eintrittskarte haben mußte, wenn man Charles Spurgeon hören wollte.

An jenem Abend waren noch Karten zu haben, und so kletterte er die vielen hölzernen Stufen empor zur Galerie. Dort saß er, allein inmitten einer großen Menschenmenge, um den Mann zu hören, dem seine ganze Bewunderung galt.

Nachher wußte er nicht mehr, worüber Spurgeon gepredigt hatte. Aber er wußte, daß seine Botschaft ihm gegolten hatte – ihm, Dwight Moody aus Chikago. Er verließ die Kirche nicht mit den anderen Besuchern. Er blieb sitzen, betete und hielt nur mit Mühe die Tränen zurück.

„Bis zur Kanzel dort vorne ist es ein weiter Weg, o Gott. Und doch war ein Prediger noch nie so nahe. Du warst mit ihm, Gott. Was wolltest du mir sagen? Gerade jetzt ist es mehr ein Tasten denn ein Wissen. Aber du sprichst zu mir, Herr. Und ich möchte herausfinden, weshalb ich hier herüberkommen mußte nach England. Zuerst Herr Müller, etwas außergewöhnlich, aber –. Und jetzt Spurgeon. Ich muß die Mosaiksteine zusammensetzen. Bitte, Herr, zeig mir, wie ich das tun soll."

Später stieg er die lange Holztreppe wieder hinunter und ging zurück ins Hotel, in dem Emma wartete. Das Gefühl, daß Gott ihm etwas ganz Bestimmtes sagen wollte, verließ ihn nicht mehr. Ein paar Tage später besuchte er eine Gebetsversammlung in einem Privathaus.

Dort wurde er einem lebhaften Pfarrer vorgestellt, dessen Augen riesigen, brennenden Lichtern glichen. Der Pfarrer, der ihm als Henry Varley genannt wurde, begrüßte den jungen Amerikaner ganz ungezwungen. „Sie wollen heute abend mit uns beten, Moody?"

„Natürlich, man hat mich ja eingeladen."

„Dann werden wir heute abend Gott gemeinsam begegnen."

Jemand erklärte, daß Moody nach England gekommen sei, um eine Musterkollektion vom Besten, was England zu bieten hatte, anzulegen und kennenzulernen – zum Beispiel Spurgeon.

Dwight unterbrach ihn. „Nennen Sie es nicht Musterkollektion. Nein. Ich suche etwas hier in England. Etwas, das ich mit nach Hause nehmen könnte."

Henry Varley entgegnete ernst: „Glauben Sie, daß Sie es heute in unserer Gebetsversammlung finden?"

Er gab keine Antwort. Alle gingen in das kleine Zimmer nebenan. Jemand las einen Bibeltext. Ein bärtiger Mann betete. Dann begann Henry Varley ohne Umschweife zu reden. Er sprach leise, und er wählte seine Worte so geschickt, als ob sie eine Peitsche für verlorene Menschen wären.

„Wir geben uns enorme Mühe. Es klappt nicht. Wir sind überzeugt davon, daß wir Erfolg haben, wenn wir es morgen noch gründlicher anpacken. Es klappt wieder nicht. Und wenn wir Erfolg haben, dann nur einen halben – wir haben halb soviel erreicht, als wenn wir es mit Gott gewagt hätten." Dwight hörte gespannt zu. „Wir sind schuldig. Wir alle. Denn ich sage euch hier und heute – *die Welt muß noch sehen, was Gott durch einen einzigen Mann tun kann, der sich ihm vorbehaltlos zur Verfügung gestellt hat.*"

Die Gebetsversammlung dauerte noch eine ganze Stunde, aber später, auf dem Heimweg, konnte sich Dwight an nichts mehr erinnern. Das einzige, was ihm in den Ohren klang, waren Varleys Worte: *„Die Welt muß noch sehen, was Gott durch einen einzigen Menschen tun kann, der sich ihm vorbehaltlos zur Verfügung gestellt hat."* Weshalb brannten diese Worte so in ihm? Hatte er das nicht längst getan in jenem Hinterzimmer von Onkel Samuels Schuhgeschäft, als Ed Kimball wissen wollte, ob er glaube, daß Jesus Christus für ihn gestorben sei? Nein, sagte er sich, das war nur der Anfang gewesen, damals.

Aber als er seine Arbeit aufgab – würde nicht selbst ein Henry Varley zugeben müssen, daß man sich nicht vollständiger Gott übergeben kann, als auf sein regelmäßiges Einkommen zu verzichten? Jetzt waren es Emmas Worte, die ihm ins Gedächtnis kamen: „Das ist Religion, Dwight. Das ist Christ-sein. Es ist nicht mehr der Mann D.L. Moody, der Schuhe verkauft."

Und dann Georg Müller: „Es geht nicht so sehr darum, was D.L. Moody für Gott tun kann. Wie er herumläuft. Wie er Kredite bekommt. Es geht viel mehr um das, was Gott tun kann – für – und mit Dwight Moody."

Der Nebel war jetzt so dicht geworden, daß er kaum die Hand vor den Augen sehen konnte. Er wußte nicht, wo er war, und konnte nur seine Schritte hören. Aber er war unterwegs zu seinem Quartier. War es nicht immer schon so gewesen? Seit er sein enges Heimattal verlassen hatte, mußte er irgend etwas hören, um sicher zu sein, daß er auf dem richtigen Weg war – aber es war immer der Lärm gewesen, den er selbst gemacht hatte.

Schuhe verkaufen oder Geld für ein Gotteshaus auftreiben – in seinem Herzen war es das gleiche gewesen. Damals, auf der Farm, hatte er verkündet, er wolle etwas Großes aus sich machen. Er wußte, daß sich seine Vorstellungen seit damals beträchtlich geändert hatten, seitdem er begonnen hatte, für Gott zu arbeiten, wie er es nannte. Zum erstenmal in seinem Leben wurde ihm jetzt blitzartig klar, daß es nicht wichtig war, wie groß er selbst sich machen konnte. Wichtig war, was Gott mit einem ganz kleinen Moody machen konnte.

Die Welt muß noch sehen, was Gott durch einen einzigen Menschen tun kann, der sich ihm vorbehaltlos zur Verfügung gestellt hat.

Er ging um die nächste Ecke und stand überrascht vor seinem Hotel. Der Nebel hatte sich gelichtet!

11

Im Herbst fuhren Emma und Dwight Moody nach Chikago zurück. In gewisser Hinsicht hatte sich nichts verändert. Dwight war immer noch der selbstsichere, unabhängige Evangelist, der von einem Job zum anderen raste. Er arbeitete für den CVJM, sprach auf Sonntagsschulkonferenzen und trug die Verantwortung für die Illinois-Street-Church. In den folgenden zwei oder drei Jahren war er meistens zu sehr mit anderem beschäftigt, um sich seiner Familie – Emma, der kleinen Emma und Will, 1869 geboren – widmen zu können.

Dwight hatte weder Henry Varley noch Charles Spurgeon oder Georg Müller vergessen. In England hatte er alte Werte gegen neue vertauscht. Er hegte nicht die Absicht, diesen Tausch rückgängig zu machen. Er hatte eine neue, völlige Hingabe an Gott vollzogen. Aber als er eines schönen Morgens in die Kutsche eines Bekannten stieg, hatte er keine Ahnung, wie sehr diese Hingabe sein Leben verändern würde und daß die Welt zu sehen bekäme, was Gott aus D.L. Moody machen konnte, weil er sich ihm vorbehaltlos zur Verfügung gestellt hatte. Im Gegenteil, er ärgerte sich über den Besitzer der Kutsche, der ihn da überrumpelte.

„Emma, das ist doch Blödsinn! Solche Scherze kann er sich doch nicht mit einem vielbeschäftigten Mann wie mir erlauben!“

„Psst!“ warnte Emma. „Der Kutscher –“

Dwight beugte sich nach vorn und rief dem Kutscher zu: „Wohin bringen Sie uns eigentlich?"

„Warten Sie's ab. Sie werden 's schon sehen!" gab der Kutscher zur Antwort. „Man hat mir befohlen, Sie in eine gewisse Straße zu bringen. Mehr kann ich nicht sagen." Die Kutsche rumpelte weiter auf dem holprigen Pflaster.

„Es ist doch nur ein Spaß, Dwight." Emma zupfte ihn beruhigend am Ärmel.

„Ich verstehe Spaß, Emma. Aber dieser hier geht zu weit. Das sieht mir eher nach Bosheit aus. Ich weiß, wem der Wagen gehört. Einem von denen, die mich hinter meinem Rücken den ‚verrückten Moody' nennen."

„Aber, hör mal, Dwight, es gibt eben Leute, die brauchen lange, um zu vergessen, daß du heute nicht mehr der gleiche bist wie vor drei Jahren. Du hast dich geändert, und früher oder später werden es alle merken. Außerdem – du hattest doch immer was übrig für gute Witze!"

Der Kutscher brachte die Pferde zum Stehen. Noch bevor der Wagen hielt, riß Moody den Schlag auf.

„State Street, Dwight? Nun, wen kennen wir denn hier?" fragte Emma.

„Dieses Haus ist es, Herr!" Der Kutscher wies auf ein großes, neues Steinhaus. „Man sagte mir, Sie sollten einfach hineingehen."

Dwight half Emma unbeholfen vom hohen Trittbrett des Wagens und heftete mit gerunzelter Stirn den Blick auf das Haus. „Man sagte? Also, das ist aber doch ein schlechter Witz für einen überlasteten Mann –"

Nun ging die Tür auf. „Ach du liebe Zeit!" stöhnte Dwight. Er hatte es sich doch gedacht. Der Mann, dem die Kutsche gehörte, stand vor ihm.

„Guten Morgen." Emmas Gruß klang um eine Nuance zu freundlich.

Der Mann unter der Tür nahm keine Notiz von Dwights verdrossenem Gesicht. „Gehen Sie nur weiter! Passen Sie auf, daß Sie nicht zuviel Schnee auf Ihre Teppiche tragen!" sagte er freundlich.

Emma gab ihm einen Schubs. „Dwight, deine Stiefel –" sie stockte – „die Teppiche??"

Aus dem Wohnzimmer, der Küche, der Vorratskammer – überallher tönten Rufe: „Gelungen, gelungen!"

„Hast du Geburtstag, Emma?" brummte Dwight. Doch er wußte genau, daß Emma heute nicht Geburtstag hatte. „Was soll das eigentlich?" Argwöhnisch lief er im Zimmer umher.

Plötzlich kamen auf einen Schlag etwa ein Dutzend Männer und Frauen aus den anderen Räumen gelaufen. „Das ist Ihr Haus!" schrien alle auf einmal.

Noch mehr Leute tauchten oben an der Treppe auf und riefen: „Wie gefällt es euch? Ist das nicht eine gelungene Überraschung?"

Das war eines der hübschen neuen Reihenhäuser an der State Street. Die Moodys wohnten aber am anderen Ende der Stadt. Was also sollte der Spuk?

Endlich erklärte man dem verdutzten Dwight: „Wir fanden, Sie arbeiten so schwer, daß Sie ein gemütliches Heim verdienen, wenn Sie einmal daheim sind. Wir haben gesehen, daß Sie unbedingt auf Gott vertrauen – da dachten wir, kann sein, daß Er mehr von uns erwartet, als wir bisher getan haben. Tja, und deshalb haben wir dieses Haus gekauft. Für Sie. Hier ist der Schlüssel!"

Dwight war fassungslos. Er war ja nur ein ganz einfacher Bauernbursche. Er gehörte nicht in eine solch luxuriöse Umgebung. Sein Blick suchte Emma. Ja, sie paßte hierher. Er nahm den Schlüssel.

„Teppiche, Lehnstühle, Sofa – und Porzellan im Schrank, Frau Moody!“ sagte jemand. „Wie gefällt es Ihnen?“

Emma gab keine Antwort. Sie ging hinüber zum Kamin und betrachtete das Bild, das dort an der Wand hing. Erstaunt sah Dwight, daß es sein eigenes Porträt, in Öl gemalt, war.

„Der beste Maler von Chikago hat es gemacht“, erklärte eine Stimme hinter ihm. „Ich glaube, der Künstler hat Ihren Mann gut getroffen. Er hat ihm sogar ein paar Kilo abgestrichen!“

Emma ließ keinen Blick von dem Bild.

„Hm, ganz genau ist er zwar nicht getroffen. Er bewegt sich nicht!“ Alle lachten, und Emma flüsterte: „Es ist wundervoll.“

„Nun, Dwight, was sagen Sie jetzt? Wer hätte das gedacht, daß D.L. Moody einmal keine Worte mehr findet?“

Er war nahezu sprachlos. „Dies ist das Größte, das Gott je für mich getan hat“, stammelte er schließlich. „Ich verdiene es nicht. Aber Gott soll euch alle dafür segnen. Kommt! Die Damen sollen Emma den ersten Stock zeigen. Ich seh mir unterdessen den Keller an.“

Während der folgenden Tage zogen sie ein. Dwight brauchte lange, bis er sich an die Teppiche und vor allem an sein ruhiges, rotwangiges Abbild über dem Kamin gewöhnt hatte. Er wußte, daß auch dieses Haus in gewisser Weise ein Teil dessen war, was Gott für ihn tat. Die ganze Familie war überglücklich in dem hübschen Haus an der State Street.

Ansonsten änderte sich nicht viel in seinem Leben. Dwight war meistens unterwegs. Je länger, desto mehr litt Emma unter seiner ständigen Abwesenheit. Sie sagte ihm, allmählich würde sie mit dem Ölbild an der Wand Zwiesprache halten. Im Grunde genommen verließ Dwight sein neues, bequemes Zuhause nicht gern, aber er wußte, daß Gott ihn hierhin und dorthin sandte, um bei den verschiedensten Gelegenheiten für ihn zu wirken.

So nahm er auch an der Sonntagsschultagung teil, die 1870 in Indianapolis stattfand.

Dort wurde er gebeten, die Gebetsversammlung am frühen Morgen zu leiten. Dwight vermutete, jemand vom Organisationskomitee, der seine freie, direkte Redeweise nicht mochte, habe ihn für diesen Zeitpunkt vorgeschlagen, weil die Leute dann noch viel zu müde waren, um aufzustehen und ihn zu hören. Und die paar wenigen, die dennoch erschienen, würden sich wohl kaum an ihm ärgern. Trotzdem versuchte er jeden Morgen, sich von den langweiligen Liedern und Zeugnissen nicht entmutigen zu lassen.

Eines Morgens stützte er den Kopf in die Hände und versuchte, dem endlosen, eintönigen Zeugnis, das ein Mann mit weinerlicher Stimme vorbrachte, geduldig zuzuhören. Doch plötzlich wurde der Redner von einem tiefen, wohlklingenden Bariton unterbrochen, der fröhlich anstimmte: „Es ist ein Born, draus heilges Blut –!“

Jetzt wurden die Zuhörer lebendig. Der Mann mit der näselnden Stimme setzte ein zweitesmal an, schließlich gab er auf und setzte sich. Der Bariton sang das Lied zu Ende.

„Gott segne ihn!“ dachte Dwight. „Wer immer er auch sein mag. Der Mann hat Initiative. Ich wollte, ich könnte ihn in all den langen Versammlungen bei mir haben!“ Und während er an diesem Morgen predigte, zündete ein Funke in ihm. „Möglich, daß er mitkommt!“

Nach der Versammlung drängte sich Moody durch die Menge. Die Dame, die eine dringende Frage über

Hesekiel an ihn richtete, bekam eine knappe Antwort. Endlich hatte er den Bariton entdeckt. „Sie da – warten Sie einen Augenblick."

Der Mann drehte sich um. Es war ein sympathischer Typ, etwa dreißig Jahre alt. Man konnte ihn für einen Kleinstadt-Metzger halten.

„Oh, wie geht es Ihnen, Herr Moody!" rief der Mann erfreut. „Habe schon eine Menge von Ihnen gehört. Es war für mich ein großes Vorrecht, hier zu sein und Ihnen zu –"

„Ach, lassen Sie das –" schnitt ihm Dwight das Wort ab. „Wer sind Sie?"

„Ich heiße Ira Sankey."

„Sankey, oh? Wo wohnen Sie?"

„In Newcastle, Pennsylvania. Ich bin gerade –"

„Haben Sie Familie?" Das mußte er zuerst wissen.

„Ja, ich bin verheiratet. Und –"

„Kinder?" unterbrach Dwight ihn erneut.

Nun sah ihn Sankey ärgerlich an. „Das wollte ich Ihnen ja gerade erzählen. Wir haben zwei reizende –"

„Wo arbeiten Sie?"

„In der Stadtverwaltung, Steueramt –"

Dwight war begeistert. Noch eine Frage hatte er. „Wieviel verdienen Sie denn da?"

„Äh – wie bitte? Nun, so fünfzehnhundert im Jahr. Aber ich verstehe nicht –"

Dwight legte Ira die Hand auf die Schulter. „Sankey, geben Sie Ihre Arbeit auf! Kommen Sie mit mir nach Chikago. Sie singen, ich spreche. Nichts einfacher als das. Leider kann ich nicht soviel bezahlen wie der Staat, aber zwölfhundert im Jahr garantiere ich Ihnen."

Der Mann wich zurück. „Das kann ich doch nicht einfach so entscheiden, Herr Moody. Ich habe Sie schließlich noch nie gesehen! Ich habe eine Familie und muß für sie sorgen – aber ich will über Ihren Vorschlag nachdenken."

Wenige Monate später begrüßten Dwight und Emma Moody Ira und Fanny Sankey in ihrem neuen Heim in Chikago. Die beiden hatten sich gut eingerichtet, und es kam genauso, wie Dwight prophezeit hatte. Er sprach, und Sankey sang. Dwight hatte immer mehr Verpflichtungen. Am Sonntagmorgen predigte er in der Illinois-Street-Church, am Sonntagabend in dem riesigen Saal von Farwell Hall. Während der Woche besuchte und hielt er Sonntagsschulkonferenzen, CVJM-Versammlungen oder wo immer man ihn bat zu predigen. Sankey ging mit, und Moody war glücklich, daß sein Gesang in jede Veranstaltung Schwung brachte. Er war Gott dankbar, daß er ihm Sankey geschickt hatte. Er sah eine wunderbare Zukunft vor sich, in der Gott sie beide miteinander brauchen konnte.

Aber Dwight hatte nicht den 8. Oktober 1871 vorausgesehen – das war etwa sechs Monate, nachdem Sankey zu ihm gestoßen war.

Der 8. Oktober begann wie jeder andere Sonntag. Dwight hielt den Morgengottesdienst in der Illinois-Street-Church. Nachmittags unterrichtete er die Sonntagsschulmitarbeiter. Dann nahm er eine Blitzmahlzeit zu sich und betete für die Abendversammlung in Farwell Hall.

Wie gewöhnlich amtierte Sankey als Gesangsleiter und Solist. Doch über der ganzen Abendversammlung lag eine merkwürdige Unruhe. Als die Feuerwehr draußen vorbeiraste, wandten alle Leute den Kopf zum Fenster. Moody blieb mitten in der Predigt stecken und schloß die Versammlung, ohne die übliche Aufforderung, nach vorne zu kommen und sich für Jesus zu entscheiden.

Als die Leute den Saal verließen, rasten immer noch Feuerwehrwagen vorbei. Auch Moody und Sankey nahmen ihre Mäntel und schickten sich an, Farwell Hall zu verlassen. Als sie vor der Tür standen, läuteten sämtliche Glocken von der anderen Seite der Stadt.

„Das erstemal seit Jahren mußte ich eine Predigt ohne Aufforderung schließen", bemerkte Dwight niedergeschlagen.

„Machen Sie sich nichts draus!" beruhigte ihn Sankey. „Die meisten Leute werden am nächsten Sonntag wiederkommen und in den gleichen Stühlen sitzen. Dann können Sie ihnen immer noch Gelegenheit geben."

Darauf erwiderte Dwight nichts.

„Gehen Sie nur voraus, Chef! Ich schließ die Tür." Auf der Straße dröhnte der Mißklang der Alarmglokken in ihren Ohren, und auf der anderen Seite des Flusses schossen Flammen auf.

Dwight sagte kurz: „Das sieht ja so aus, als ob halb Chikago brennen würde." Sankey zog die Tür hinter sich zu und meinte nervös: „Hier ist's nicht mehr gemütlich, Chef! Wir sollten schnellstens nach Hause. Fanny wird Angst haben."

An der Ecke trennten sie sich. Dwight wandte den Blick nicht von den züngelnden Flammen. „Ich sage dir, Sankey, wir können froh sein, daß Chikago am Michigansee liegt." Dann ging er nach Hause, in den Nordteil der Stadt.

Um Mitternacht weckte sie heftiges Poltern an der Haustür. Ein Nachbar schrie heiser etwas von Rauch und Gefahr. Plötzlich hellwach, sah Moody vor seinem Fenster eine taghell erleuchtete, blutrote Stadt.

Die Flammen waren meilenweit von ihnen entfernt, aber der Geruch des Todes drang durch die offenen Fenster.

Irgendwie bekamen sie die Kinder wach, zogen sie hastig an und trugen sie die Treppe hinunter. Dwight dachte, er könne den Wagen holen und mit Hausrat beladen. Die kleine Emma und Will schrien.

Draußen rannten die Leute wie Irre umher, schleppten Möbel, trugen Kinder. Wieder polterte es an der Tür. Ein Nachbar mit angstgeweiteten Augen stand da. „Kommt heraus, sofort!“ rief er laut. „Beeilt euch, sonst ist es zu spät! Die ganze Stadt ist auf den Beinen. Ihr dürft keine Minute mehr verlieren!“ Hinter ihm stand sein hochbeladener Wagen.

Emma trat neben ihren Mann und sagte leise: „Komm, wir wollen auch gehen.“

Aber Dwight hielt sie zurück. „Nur keine Panik!“ beruhigte er sie. „Wir wollen noch etwas mitnehmen.“

„Ausgeschlossen. Zu spät!“ rief der Nachbar.

„Hier, nehmen Sie die Kinder!“ bat Emma und schob die beiden auf die Straße. „Wir treffen uns später. So sind sie wenigstens in Sicherheit.“ Die schreienden Kinder wurden in die Kutsche verladen und Dwight ging zu Emma ins Haus zurück. Die Frau stand am Kamin auf einem Stuhl und mühte sich verzweifelt, das Ölbild abzunehmen.

„Laß das!“ rief ihr Dwight zu. Die Flammen kamen immer näher. Er hatte sich verrechnet. Es war keine Zeit mehr – weder für die Kutsche noch für die Möbel. Jetzt konnten sie nur noch das nackte Leben retten.

Aber Emma zerrte an dem Gemälde und schluchzte: „So hilf mir doch! Ich will das Bild nicht verlieren.“

Plötzlich lachte er laut heraus. Er warf den Kopf zurück und lachte und lachte. Emma starrte ihn an: „Dwight, was ist mit dir?"

Immer noch lachend stieß er hervor: „Heute nacht ist ein schrecklicher Brand ausgebrochen, Herr Moody. Ist es Ihnen gelungen, etwas zu retten? Wie bitte? Natürlich, Madam! Was haben Sie denn da bei sich, Herr Moody? Ein einziges Stück, das zu retten sich lohnt, Madam. Es ist zwar schwer, aber das macht mir nichts aus. Sehen Sie, Madam, ich habe mein eigenes Konterfei gerettet!" Nun hörte er auf zu lachen. „Laß es hängen, Emma!"

„Ich will nicht."

„Emma, paß auf!"

Mit lautem Krach fiel das Gemälde zu Boden. Sie schluchzte. „Ich kann es nicht aufheben! Ich kann es nicht tragen! Bitte, Dwight –"

Der Gestank von verbranntem Fleisch wurde immer intensiver. „Emma, beeil dich!"

Sie beugte sich über den Rahmen. „Ich nehm nur die Leinwand. Den Rahmen laß ich hier."

„Der Wind –" protestierte er. „Du schaffst es niemals!"

Nun lief Emma hinaus auf die blutrote Straße. „Ich bin bereit, Dwight. Wir müssen uns beeilen!"

Er ging voran, mit gesenktem Kopf, Emma mit der flatternden Leinwand hinterdrein. Sie wagten nicht, sich umzusehen. Immer weiter nach Norden liefen sie, bis sie Unterkunft bei Freunden fanden. Als Dwight sich vergewissert hatte, daß Emma gut aufgehoben war, ging er in die Stadt zurück.

Es war seine Stadt. Die Stadt, die er liebte. Hier draußen, mitten in der brennenden Stadt, waren Leute aus seiner Gemeinde. Drüben, in North Wells, fraß das Feuer die primitiven Häuser, in denen seine

Sonntagsschüler daheim waren. An anderen Stellen wohnten die Menschen, denen er heute abend gepredigt hatte. Er konnte nichts anderes tun als sich hinzusetzen und auf das Ende seiner Stadt zu warten.

Als der Morgen graute, wußte er, daß er alles verloren hatte. Illinois-Street-Church war nur noch ein rauchgeschwärztes Gerippe. Von Farwell Hall war nichts übrig geblieben als ein paar Leitungsrohre und einige Metallstühle. Das Heim, das Gott ihnen geschenkt hatte, war ihm wieder genommen worden.

Er stand in der Dämmerung und wußte, daß heute der frische Seewind keine Kühlung bringen würde. Dieser Tag war schlimmer als jener, an dem Henderson starb, schlimmer als der Bürgerkrieg. Er versuchte zu überlegen, was Gott jetzt von ihm wollte, aber er konnte nicht mehr denken. Nichts war ihm geblieben – außer Gott. In diesem Augenblick fiel es ihm sehr schwer zu beten.

Vier Tage vergingen. Am vierten Tag stieg Sankey in den Zug und fuhr zurück nach Pennsylvanien. Seine ganze Familie begleitete ihn.

„Nichts ist uns geblieben", klagte er gebrochen, als sie sich auf dem Bahnhof voneinander verabschiedeten. „Wenn wir das geahnt hätten – nichts ist von Chikago geblieben, nur Asche." Dann stieg er in den Zug.

Aber Moody wußte, daß Sankey sich irrte. Er wandte sich um und lief vom Bahnhof weg, ziellos in den Straßen umher. Der Gestank des Verbrannten verursachte ihm Übelkeit. Er dachte an all das, was er verloren hatte. Seine Bücher, seine Möbel, seine Kleider. Auch das Ölbild fiel ihm ein. Arme Emma – es war das einzige, das ihr geblieben war. Was bedeutete ihr das schon? Nur ein Ölbild von einem korpulenten jungen Mann mit wulstigen Lippen und zerzaustem Haar.

Aber wie dumm war er! Emma hatte doch *ihn!* Und er hatte Emma und die Kinder. Er hatte viel mehr gerettet als verloren. Natürlich war es so. Was er Gott in England gegeben hatte, wog viel schwerer als das, was Gott ihm jetzt mit dem Brand genommen hatte. Gott hatte ihm im Grunde genommen alles gelassen! Und plötzlich wußte er, daß die Illinois-Street-Church aus der Asche wiedererstehen würde. Und er wußte, daß Sankey wieder nach Chikago kommen würde, um hier in seinen Versammlungen zu singen.

Er begann zu laufen. Eine Straße hinauf, die andere hinunter. Als ob er eine wichtige Verabredung hätte und fürchten müsse, zu spät zu kommen.

Zehn Minuten später stand er hinter einem Tisch, an dem eine Hilfsorganisation den Männern Maß nahm, um sie mit gebrauchten Kleidern einzudecken. Etwas später tauchte er in der Suppenküche auf. Das wichtigste war jetzt zu sehen, wie er den anderen helfen konnte.

12

„Chef, ich glaube nicht, daß die in England uns haben wollen!" Sankey riß die Zeitung in kleine Stücke und warf sie auf den Boden. „Das ist eben das Problem."

„Was glaubst du denn?" fragte Moody.

„Ich glaube, daß die Leute kalte Füße bei Ihrer Art zu predigen bekommen. Sie ist zu – zu –" Amüsiert beobachtete Moody, wie Sankey nach dem passenden Ausdruck suchte „– zu verschieden von der englischen Art."

„Aha. Die Leute, die mich eingeladen haben, hätten unterdessen ihre Meinung geändert. Das ist es doch, was du mir sagen wolltest, Sankey?"

„Nun ja. Diese drei Männer – Pennefather, Bainbridge und Bewley – haben verspochen, unsere Auslagen im voraus zu vergüten. Bis jetzt hat sich keiner gemeldet. Wir sollten die Überfahrt buchen, und das Geld ist immer noch nicht da. Warum wohl nicht?"

Minutenlang saß Moody hinter seinem Bürotisch und sah zu, wie Sankey die Abendzeitung systematisch zerriß. Seine Gedanken schweiften zurück zu jenem Tag vor drei Jahren, als das Feuer in Chikago gewütet hatte. Das Leben war weitergegangen – genau, wie er es an jenem Tag vorausgesehen hatte, an dem Sankey in den Zug nach Newcastle gestiegen war.

Innerhalb eines Jahres war eine neue Kirche aus der Asche erstanden. Er erinnerte sich an seinen Blitzbesuch im Osten, bei dem er John Wanamaker um Geld gebeten hatte. Für die Familien, die jetzt in den Kellern ihrer ehemaligen Häuser wohnten, war die neue, einstöckige Kirche aus Brettern und Dachpappe ein neues Zeichen der Hoffnung. Wie dumm war sein Gedanke gewesen, das Feuer mache ihn arbeitslos! In den Jahren nach der Brandkatastrophe hatte er so viel zu tun, daß er in die Bretterkirche gezogen war und dort aß und schlief, um möglichst immer zur Stelle zu sein.

Auch in bezug auf Sankey hatte er recht gehabt. Der Bariton hatte vermutlich nie im Leben daran gedacht, daß er einmal in einer Dachpappenkathedrale singen würde, aber Moody hatte ihn davon überzeugt, daß dies sein Platz war.

Dwight lächelte vor sich hin. Sankey war treu gewesen. Ein Jahr später, als sich das Leben in Kirche und Stadt beinahe wieder normalisiert hatte, hatte er Sankey mit seinen Aufgaben betraut und war nach England gefahren. „Und nun wünschte er wahrscheinlich, ich wäre nie gefahren." Moody grübelte. In England hatte er gepredigt, auch an Bibelseminaren teilgenommen, um möglichst viel zu lernen, und eine Einladung für das darauffolgende Jahr angenommen. Pennefather, Bainbridge und Bewley hatten ihn eingeladen, Evangelisationsversammlungen zu halten.

Sankey hatte recht. Ein Jahr lang hatten sie auf den versprochenen Kostenvorschuß gewartet. Als sie ihre Reisevorbereitungen trafen, war das Geld immer noch nicht da. Trotzdem hatte Sankey nicht recht.

„Gib mir den Wisch!" unterbrach Dwight seinen eigenen Gedankengang. „Du warst nie mehr so nervös wie damals, als deine Melodica mitten in einem Lied kaputtging."

Sankey stopfte das Papier in seine Tasche.

„Nun hör mich mal an! Zugegeben, es ist merkwürdig, daß wir von Pennefather und seinen Getreuen nichts mehr gehört haben. Zugegeben, ich habe mein Bankkonto zu schnell aufgelöst, weil ich glaubte, das Geld aus England rechtzeitig zu erhalten." Er hätte das Sankey vorher sagen sollen. Aber im Grunde genommen ging ihn das alles nichts an. „Übrigens war kein großer Betrag auf dem Konto gewesen", fügte Dwight hinzu. „Nur vierhundertfünfzig Dollar."

„Was, vierhundertfünfzig Dollar! Das ist genug, um die Überfahrt zu bezahlen. Und Sie haben es weggegeben!"

„Hör zu, Sankey. Es ist doch alles okay. Wir fahren nach England. Deshalb habe ich das Konto aufgelöst. Ich habe das Geld jemandem geborgt. Damit es arbeiten kann, während ich weg bin. Jetzt brauche ich es, also verlange ich es zurück. Davon bezahlen wir dann die Überfahrt. Es reicht für Fanny und dich und für Emma und für mich."

Dwight wartete auf eine Reaktion. Schließlich entgegnete Sankey ausdruckslos: „Fein. Großzügig von dir! Aber ich glaube, daß wir nicht gehen sollten, wenn sich diese drei Männer nicht mehr melden. Vierhundertfünfzig Dollar werden uns zwar hinüberbringen –"

„Das sollen sie ja auch."

„Aber das ist auch alles. Wie soll es dann weitergehen?"

Allmählich verlor Moody die Geduld. „Sankey, wir fahren nach England! Dort wird man für uns aufkommen. Was anders sollten sie auch tun? Mach dir doch keine Sorgen – überlaß das mir! Spar deinen Atem für London. Dort wirst du singen müssen!"

Also verließen sie New York im Frühling 1873. Die Überfahrt war stürmisch. Moody war während der ganzen Fahrt seekrank. Emma hatte Kopfschmerzen, bis sie Liverpool anliefen.

In Liverpool fuhren sie direkt ins Hotel. Ein Brief wartete auf sie. Glücklich schmunzelnd öffnete ihn Moody. Das mußte die Antwort auf sein Telegramm aus New York sein.

Er las den Brief zweimal und nahm sich Zeit, bevor er aufschaute und Sankey und die Frauen vor sich sah, die in der Halle mit ihren Gepäckstücken warteten. „Emma – Sankey – dieses Telegramm – macht nichts –" Dann platzte er heraus: „Pennefather ist letzten Herbst gestorben."

Sankey schaute ihn erschrocken an.

„Bainbridge ist letzten Winter gestorben."

Emma stieß einen Schrei aus.

Sankey unterbrach: „Und Bewley?"

Dwight schaute auf den Brief in seiner Hand, als ob die Worte sich noch ändern könnten. „Bewley – ist dieses Frühjahr gestorben."

„Jetzt müssen wir uns nicht mehr fragen, wann wir unseren Kostenvorschuß kriegen", bemerkte Sankey trocken.

„Jetzt ist nicht der Moment für solche Diskussionen", sagte Dwight kurz. Er überlegte. Die Hotelrechnung für sie war bezahlt. Was macht ein Mann in einem fremden Land, wenn er keine Freunde hat? Wenn er Tellerwäscher war, dann wusch er Teller. War er aber Prediger, nun, dann predigte er eben. Viele Namen schwirrten ihm durch den Kopf. Er hatte letztes Jahr so viele Menschen kennengelernt. Wenn er jetzt nur einen Namen herausfinden konnte, den Namen der richtigen Person, an die er sich jetzt um Hilfe wenden mußte.

„Kommt, ihr drei. Wir suchen erst mal unsere Zimmer auf. Dann senden wir Kundschafter aus!" Keiner verzog den Mund, aber jeder ergriff ein Gepäckstück. Allen voran marschierte Dwight.

Oben in seinem Zimmer wurde ihm übel, als ob er seekrank wäre. Wenn sich nur Emma ruhig halten würde! Jetzt war wirklich nicht der Moment, um in den Koffern zu wühlen. Sie würden ohnehin nicht länger als eine Nacht bleiben.

„Leg die Socken in die oberste Schublade, Fanny!" Ihre Stimme zirpte durchs Zimmer bis in die Ecke, in der Dwight mit dem mißmutigen Sankey saß. „Alles ist zerknittert. Sieh mal diesen Anzug an!" Ihre Stimme wurde lauter. „Du meine Güte, was ist denn das? Einfach in die Tasche gestopft! Dwight, ist das eine gute Nachricht?" Sie ging auf ihren Mann zu und reichte ihm den Brief.

„Wirf ihn nicht weg. Leg ihn dorthin! Später –"

„Willst du ihn oder willst du ihn nicht? Falls du dich nicht interessierst dafür – er ist adressiert an Dwight L. Moody. Du hat ihn ja noch nicht einmal aufgemacht!"

Er nahm ihn. Weshalb mußten Frauen auch immer den Mund offen haben? Er drehte den Umschlag in der Hand herum und erinnerte sich daran, daß man ihm den Brief kurz vor der Abreise in New York an Bord gebracht hatte. Damals hatte er ihn achtlos beiseite gelegt. Zerstreut riß er den Umschlag auf.

„Emma, Fanny, setzt euch mal hin!" Er lachte. „Von George Bennett. Ach, der gute, alte George! Emma! Sankey! Es gibt eine offene Tür für uns hier in England."

Sprachlos umringten die drei ihren „Chef".

„Also, wenigstens eine halboffene Tür. Der Brief ist von George Bennett, Leiter des CVJM in York. Hört einmal: ‚Wenn Sie und Ihre Leute – das geht dich an, Sankey – in England sind und eventuell nach York kommen, könnte man eine Vortragsreihe für Sie arrangieren.'"

Emma wandte sich wieder den Koffern zu. Sankey fragte: „Hast du gesagt – halboffen?“

„Mhm. Auf jeden Fall weit genug, um meinen Fuß hineinzudrücken.“ Dwight erhob sich. „Ich geh hinunter und schick’ ihm ein Telegramm. Ich werde meinem alten Freund Bennett melden, daß wir demnächst nach York kommen und bei ihm eine Evangelisation beginnen.“

Eine Stunde später verließ die Depesche Liverpool.

Herrn George Bennett, CVJM-Sekretär, York.

Habe Ihren Brief erhalten. Bin bereit.

D.L. Moody.

Am nächsten Tag kam die Antwort:

Herrn Dwight L. Moody, Liverpool.

Religion hier nicht gefragt. Vorbereitungen dauern mindestens einen Monat. George Bennett.

Moody las und steckte das Papier in die Tasche. Dann kabelte er zurück.

Herrn George Bennett, York.

Komme heute abend mit Frau. Sankey kommt aufs Wochenende nach. D.L. Moody

In York stellte er fest, daß George Bennett ebenso schüchtern und mutlos war wie sein Telegramm. Von Beruf Drogist, übte er ehrenamtlich die Tätigkeit des CVJM-Sekretärs aus. Die Gemeinde traf sich regelmäßig in einem schäbigen Zimmer über dem Laden. Kleinlaut zeigte er Moody das Zimmer.

„Vermutlich erschreckend winzig für Sie, Herr Moody! Sie sind es ja gewöhnt, in Ihrer großen Kathedrale in Chikago zu predigen.“

Dwight dachte an den großen Saal von Farwell Hall und an den Tag, da ihn das Feuer dem Erdboden gleichgemacht hatte. Er erinnerte sich an die Bretter- und Dachpappenkirche nach dem Brand und an das Hinterzimmer der Methodistenkirche, in dem er von Brot und Käse gelebt hatte. Er gab keine Antwort.

„Wie ich Ihnen schon gesagt habe, Herr Moody, York eignet sich nicht für Erweckungsversammlungen. Zudem haben die Leute gerade Urlaub, genießen ihre Ferien, und außerdem –"

„Außerdem was?" Dwight spürte Bennetts wachsendes Unbehagen.

„Wenn Sie mir meine Offenheit vergeben wollen, Herr Moody – ich weiß, daß Sie in Amerika eine Berühmtheit sind – aber die Engländer sind ein merkwürdiges Volk. Bei uns geht alles ruhig, gelassen und würdevoll zu. Unsere Prediger halten nichts von einer großen Show. Ich – nun gut, Herr – ich weiß einfach nicht, wie die Yorker auf Ihre Art Predigt reagieren und ob sie überhaupt kommen. Bitte verzeihen Sie, Herr Moody, daß ich das gesagt habe!"

Die Welt muß noch sehen, was Gott mit einem einzigen Menschen tun kann, der sich ihm vorbehaltlos zur Verfügung gestellt hat. Hatte er diese Worte nicht ausgerechnet hier in England gehört? Schweigend verließ Moody den muffigen Raum.

George Bennett hatte recht. York hatte für Evangelisten nichts übrig. In der ersten Versammlung saßen acht verlegene Männer in dem kleinen Stübchen.

Aber Sankey spielte das Harmonium, als ob ihm dreitausend Menschen zuhörten. Als seine Stimme erklang, schlossen alle acht die Augen, als wären sie im Gebet versunken. Dann predigte Moody wie immer, tänzelte auf dem winzigen Podium herum und redete viel zu laut für den kleinen Raum. Seine Illustrationen verflocht er wie immer mit den Wahrheiten des Evangeliums.

Am folgenden Abend kletterten etwa ein Dutzend Leute die enge Treppe zu dem Zimmerchen hinauf. „Die Ferien sind schuld“, säuselte George Bennett. „Ich bin überzeugt, daß es nur an den Ferien liegt.“

Aber jeden Abend quetschten sich ein paar Leute mehr in den muffigen Raum. Als er endgültig zu klein wurde, stellte ihm der Prediger einer Freikirche seine Kapelle zur Verfügung. Moody war glücklich, predigte schwungvoll und überzeugend, und Sankey spielte sein Instrument so laut, daß die Leute auf der Straße es hören mußten.

Fünf Wochen vergingen wie im Flug. Fünf Wochen, ausgefüllt mit Predigen, Singen, freiwilligen Kollekten (die die Auslagen für Kost und Logis deckten) und fünf Wochen, in denen Männer und Frauen Jesus Christus als ihren Retter fanden. Zweihundertfünfzig Menschen bekehrten sich in diesen Wochen in York.

Aber irgend etwas stimmte nicht. Moody wußte es. Sankey wußte es. George Bennett hatte es von Anfang an befürchtet. Die Leute, die die Versammlungen nicht besuchten – und ein paar, die sie besuchten – erzählten Schauermärchen von den Veranstaltungen. Sie äfften die laute Redeweise des Predigers nach und imitierten den rotwangigen Mann an seiner Quetschkommode. Mehr noch, sie übertrieben die Art der Bekehrungen, bis schließlich die Versammlungen als hysterischer Hexenkessel dargestellt wurden. Während der Mann von der Straße an der Tür der Kapelle vorbeischlenderte, um Sankey spielen zu hören, nahmen die Prediger und Pfarrer von York keine Notiz davon, daß in ihrer Stadt ein D.L. Moody Versammlungen hielt.

Rees, ein Pastor aus Sunderland, hatte etliche Schwierigkeiten mit den kirchlichen Vertretern seiner Stadt, als er vorschlug, man solle Moody einladen. Als Rees erklärte, daß Moody von den CVJM-Leuten unterstützt werde, wehrten alle ab.

„Pah – CVJM! Eine Handvoll Fanatiker mit abgetretenen Absätzen. Rees, aus York haben wir nur Negatives gehört. Sensationsmache in allen Versammlungen. Und dann der Gesang – dieser verrückte amerikanische Steuereintreiber fuchtelt mit Armen und Beinen in der Luft herum. Nichts als unkontrollierte Gefühlsausbrüche!“

Rees antwortete nachdrücklich: „Das ist alles maßlos übertrieben.“

„Er malträtiert unsere Muttersprache mit seinem fürchterlichen Slang – und das auf der heiligen Kanzel!“

„Aber er hat eine Botschaft! Er predigt das reine Evangelium.“ Rees ließ nicht locker.

„Vielleicht. Trotzdem segelt er unter falscher Flagge. Dieser Possenreißer aus dem amerikanischen Westen ist kein Kirchenmann. Er wurde nie zum Dienst für Gott geweiht. Die einzige Weihe hat er selbst vollzogen. Er kommt ohne jede Empfehlung, ohne Rükkendeckung irgendeines bekannten Mannes. Wir wissen nichts von ihm, nur diese schrecklichen Nachrichten aus York.“

Der Pfarrer biß sich auf die Unterlippe. „Telegrafieren Sie ihm, er solle bleiben, wo er ist.“

„Meine Kirche ist aber offen für ihn. Ich will Moody in Sunderland haben“, entgegnete Rees.

Der andere erhob sich. „In Ordnung, aber mit mir können Sie nicht rechnen. Auch mit den Pfarrkollegen nicht. Von meiner Kanzel werden seine Versammlungen nicht angekündigt.“

So fuhren Moody und Sankey nach Sunderland. Von Anfang an war Moody in bezug auf die Haltung des Predigers Rees verunsichert. Der gute Rees machte sich so viele Sorgen über das, was die Leute denken könnten. Er regte sich schrecklich auf, weil einer seiner Gemeinde sich weigerte, die beiden Amerikaner bei sich aufzunehmen. Er wurde kreidebleich, als er hörte, wie man über Moody und Sankey sprach.

„Die zwei werfen das Evanglium ins Publikum, als ob sie hofften, daß es zufällig einen treffen würde."

„Sologesang hat mit Anbetung nichts zu tun. Es ist nur Ausdruck menschlicher Eitelkeit. Zudem lenkt es die Leute ab – ist zu wenig würdevoll."

Aber Sankeys Bariton erklang weiter und füllte die kleine Kapelle bis in den hintersten Winkel. Moody brachte das Evangelium auf die einzige Art unter die Leute, die er kannte. Ohne beschönigendes Mäntelchen. Offen und direkt. Wenn sich die Leute endlich an seine „a" gewöhnt hatten, wenn sie endlich geruhten, ihm zuzuhören, dann würden sie seine Botschaft verstehen und wiederkommen, um mehr zu hören, davon war er überzeugt. Er blieb in Sunderland und predigte weiter.

Er gab nicht einmal auf, als die Pfarrherren der Stadt Flugzettel verteilten, in denen sie die Leute vor den beiden Amerikanern warnten. „Überlegungen zur gegenwärtigen religiösen Bewegung", schrieben die Pamphlete. „Punkt eins: Fragwürdige Experimente. Punkt zwei: Vermutlich üble Resultate."

„Chef", meinte Sankey, als er die Zettel zu Gesicht bekam, „diese Blätter drücken doch die Meinung der verantwortlichen Leute in Sunderland aus. Sollten wir nicht –?"

Dwight unterbrach ihn. „Wir wissen, daß wir es richtig machen. Diese Männer hinken zweihundert Jahre hinter Boston her. Bemitleide sie und sing weiter, Junge!"

So vieles in seinem Leben war von achtbaren Männern hinterfragt worden – Onkel Samuel, der CVJM in Chikago und andere hatten seine Methoden beargwöhnt. Vermutlich mußten sie alle einsehen, daß er zwar eigenartige Methoden anwandte, aber zweifellos Erfolg damit hatte. Nun, auch dieses Tief würde er überleben.

Eines Morgens drückte ihm Emma ein weiteres Flugblatt in die Hand. „Religiöse Ausschweifung: ein warnendes Wort zur gegenwärtigen Erweckung", las er laut. „Werden die denn nie aufhören?" fragte er und legte den Zettel achtlos beiseite. Emma drängte ihn weiterzulesen.

„Geschrieben von – wie bitte? Das ist doch – Herr Rees, Emma!" Erstaunt las er weiter. „Findest du Honig, so iß davon, soviel dir genug ist, daß du nicht zu satt werdest und speiest ihn aus."

„Das hat er gegen dich geschrieben, Dwight!" sagte Emma weinerlich.

„Auch Rees – warum denn er? Versteht er mich nicht besser als die anderen?"

„Du hast alle gegen dich, Dwight."

„Emma, warum mußte es so kommen? Warum nur?" Ausgerechnet der Mann, der ihn eingeladen hatte, wandte sich nun gegen ihn. „Kommen denn die Leute nicht in Scharen? Werden nicht viele gerettet?"

„Doch mein Lieber." Sie lief auf ihn zu und legte die Arme um ihn, aber er schüttelte sie ab.

„Wie konnte das nur geschehen?" Es war unfair, gemein. „Ich habe mein Leben Gott zur Verfügung gestellt. Ich habe ihn gebeten, mich zu gebrauchen. Hab' ich das getan oder nicht, Emma? Sag es mir!"

Weinend schlug sie die Hände vors Gesicht.

Er nahm den Wisch in die Hand, zerknüllte ihn und formte einen Ball daraus, den er zu Boden warf. Er konnte aufgeben, auf schnellstem Weg nach Hause fahren und sich in Bitterkeit einhüllen. Er konnte Gott die Frage stellen: „Hab ich dich nicht gebeten, mich für dein Reich zu gebrauchen?“

Aber er konnte auch weitermachen. Er konnte eine andere Frage stellen: „Emma, wie lange werden die Leute noch auf meine schlechte Grammatik hören statt auf Jesus, wenn ich predige? Wann werden sie endlich aufwachen?“

Als er ihr erhobenes Gesicht betrachtete, erkannte er, daß seine Worte neue Hoffnung für sie bedeuteten. Er wußte, daß nicht einmal die geringschätzige Behandlung, die ihm widerfuhr, seine Hingabe an Gott erschüttern konnte, die er an jenem Abend vor fünf Jahren hier in England vollzogen hatte.

13

Was in Sunderland geschah, konnte man nicht gerade als Erfolg bezeichnen. Aber Moody kehrte nicht in die Vereinigten Staaten zurück. Als man ihn einlud, in Newcastle zu predigen, sagte er zu. Dort ging es nur wenig besser. Aber es gab wenigstens keinen organisierten Widerstand. Nach den Versammlungen kamen viele Leute in den Seelsorgeraum und nahmen Jesus Christus als ihren Heiland an.

In Newcastle erreichte Moody die Einladung, nach Schottland zu kommen. Ein Mann namens Dr. Horatius Bonar lud ihn nach Edinburgh ein. Moody war hoch erfreut. Auch Sankey teilte seine Begeisterung. Als sie ihre Koffer packten, hatten sie keine Ahnung, was für Schwierigkeiten sie erwarteten.

In Edinburgh hatte Dr. Bonar seine liebe Not mit einem freundlichen alten Diakon, dessen schwere schottische Zunge verärgert stotterte: „Es ist nicht Moody – es ist der andere, der Schreihals, den er da mitbringt. Seine Anwesenheit ist ein Greuel für das Haus des Herrn!"

„Ich bürge dafür, daß Sankeys Musik kein Ärgernis erregen wird", beruhigte ihn Dr. Bonar.

„Außerdem singt er keine Psalmen! Und die wenigen, die er kann, sind falsch übersetzt. Ich würde diesen Lärm überhaupt nicht Musik nennen. Was er in die Kirche bringt, gehört in Unterhaltungsabende, aber nicht in Kirchen und Kapellen, mein lieber Dr. Bonar!"

Horatius Bonar war betroffen. Der gute Diakon plapperte nach, was die Hälfte der Gemeindeglieder in Edinburgh klatschten. Es war zu schade, daß der junge Moody keine fundierte theologische Ausbildung genossen hatte, denn die schottischen Kirchen waren ja sehr streng in bezug auf die Ordination ihrer Geistlichen. Und die Musik – nun, sie war wirklich ein Stein des Anstoßes.

Der Diakon stotterte weiter. „Das schlimmste von allem ist das Ding, das er mit in die Kirche schleppt. Dieses – dieses teuflische Ding, das so pfeift!"

Dr. Bonar erwiderte schnell: „Haben Sie gegen Sankeys Harmonium etwas einzuwenden, mein Freund?"

„Es ist ein Musikinstrument, Dr. Bonar! Ein Instrument im Haus des Herrn! Sie sind doch Schotte, Dr. Bonar, und Sie wissen, wie wir über solche Dinge denken."

„Aber das sind eben Amerikaner. Die arbeiten anders als wir."

„Mit einer Kiste voller Pfeifen? Diese teuflische Pumpmaschine, die Gotteslästerungen in die Welt hinauspfeift!"

Dr. Bonar griff nach dem einzig möglichen Argument, das ihm blieb. Er legte begütigend die Hand auf den Arm des Diakon. „Sie haben recht", sagte er sanft. Ich bin Schotte und wurde so erzogen, diese Dinge für schlecht zu halten. Aber ich habe Sankeys Harmonium *gesehen*."

Der Arm des Diakon zuckte zurück. „Und was ist das für ein Unterschied?"

„Das Instrument, das Sankey benützt, ist sehr klein. Deshalb kann es unmöglich ein *großer* Greuel im Hause des Herrn sein, denn es ist nur ein sehr *kleines* Instrument."

Diese Logik beruhigte den besorgten Diakon. Die gleiche Taktik wandte Horatius Bonar bei den anderen traditionsgebundenen Gemeindegliedern an. Er erklärte ihnen, daß sie nur ein klein wenig sündigten, weil sie ein winzig kleines Instrument in ihren Heiligtümern duldeten.

Im November 1873 kamen Moody und Sankey in Edinburgh an. Von Anfang an waren sie vom Unglück verfolgt. Sechs Stunden nach ihrer Ankunft lag Dwight mit laufender Nase, wässrigen Augen und heiserer Stimme auf dem Fauteuil in seinem Hotelzimmer. „Ich kann heute abend nicht predigen, Sankey", sagte er nach einem Niesanfall.

„Chef, das hast du noch nie gesagt. Du mußt predigen. Es ist deine erste Versammlung!"

„Hat – schi, hat – schi! Zwecklos, Sankey!" keuchte er. Er hatte immer damit geprahlt, daß er gesund sei wie ein Ochse. Aber heute abend konnte er unter keinen Umständen reden. Er konnte kaum atmen. „Du wirst dich auf die Socken machen und Ersatz suchen."

Spätabends, als Dwight zum x-ten Mal verzweifelt die Nase putzte, erzählte ihm Sankey, daß das Publikum die Nachricht von seiner Erkrankung gelassen aufgenommen hatte. Nur ein paar Leute waren aufgestanden und hinausgegangen.

Am anderen Morgen war die Erkältung weg. Frohlockend saß Dwight in der Kutsche, die ihn vom Hotel in die Kirche fuhr. „Vermutlich ein Bazillus, den der Wind vom Moor hergeblasen hatte. Heute fühle ich mich wie neugeboren. Das Fieber ist weg, der Schnupfen ist weg."

„Preis dem Herrn, Chef! Ich möchte nicht noch einen zweiten solchen Abend erleben."

„Heute müssen wir richtig in Schwung kommen, Sankey!" Die alte Zuversicht kehrte so schnell zurück, wie die Erkältung schwand. Die Pferde fielen in Trab, und die Kutsche ratterte fröhlich um die Ecke.

„Am liebsten würde ich das Harmonium ganz früh hinbringen –" begann Sankey.

Dwight lehnte sich nach vorne. „Paß auf, Sankey. Dieser Kutscher ist verwandt mit Jehu. Er nimmt die Kurve –" Nun flog die Kutsche nur noch auf zwei Rädern dahin. Im gleichen Augenblick entdeckten beide, daß das Instrument zu rutschen begann.

„Kutscher!" schrie Moody entsetzt.

Nun fuhr das Vehikel wieder auf allen vier Rädern.

„Halt – Kutscher, halt!" kreischte Sankey.

Es war zu spät. Als sie von der Kutsche sprangen, lag das Harmonium halb zertrümmert auf den Pflastersteinen. Bestürzt sahen Moody und Sankey auf die Bescherung.

An diesem Abend stand Dwight Moody seinem Publikum allein gegenüber. Er sah, wie ein paar magere Schotten neugierig die Hälse reckten. „Freunde, wir hatten einen bösen Zwischenfall am Nachmittag. Deshalb ist Sankey heute nicht bei uns. Die Versammlungen sind zwar nicht vollständig ohne seine feurige Musik, aber irgendwie werden wir schon zurechtkommen."

Trotz des schlechten Anfangs und Sankeys Musikkiste liebten die Edinburgher Moody und den stimmgewaltigen Sankey. Sie fanden, Moody hätte echten Schottenwitz und Sankey sei aufrichtig wie eine Dudelsackpfeife und, o Wunder, nicht einmal ganz so laut wie diese!

Zwei Wochen lang predigte sich Moody in den kleinen, überfüllten Kapellen der Freikirchen beinahe das Herz aus dem Leibe. Dann geschah es. Ein führender Edinburgher Pfarrer erließ folgenden Aufruf: „Im Namen des Klerus der Schottischen Staatskirche heiße ich die beiden amerikanischen Brüder herzlich willkommen und bitte meine Gemeinde, ihre Versammlungen zu besuchen. Ich möchte noch hinzufügen, daß sich die Dozenten der Universität Edinburgh meiner Bitte anschließen."

„Gott segne sie!" dachte Dwight, als er spätabends bei seiner letzten Tasse Tee saß. Die Versammlung war vorüber, Sankey war auf sein Zimmer gegangen und Emma schlief. Dwight schlürfte seinen Tee und träumte. Es schien, als ob nun endlich eingetroffen war, wofür er so lange gebetet hatte. Die Schotten akzeptierten ihn. Geistesabwesend rührte er im Tee. Die Folgen waren noch nicht abzusehen. Vielleicht würden sich ihm nun die großen Edinburgher Kirchen öffnen! Dies bedeutete, daß mehr Leute kamen, mehr Frauen und Männer Jesus finden konnten. Und das war schließlich der Grund seines Hierseins.

„Wann werden sie aufhören, meine schlechte Grammatik zu beanstanden, statt auf Jesus zu hören?" hatte er vor nicht allzu langer Zeit gebetet. Es hatte den Anschein, als ob die Antwort unterwegs wäre.

„Gott sei Lob und Dank!" dachte er dankbar. Nie hätte er wie ein geprügelter Hund nach den Vereinigten Staaten zurückkehren können. Nein. Der Tee wurde kalt. Doch Dwight träumte weiter. Kann sein – eines Tages London. Wie würde es sein, wenn er zu zehntausend Londonern sprechen durfte? Preis dem Herrn, daß Edinburgh ihn akzeptiert hatte!

Die folgenden Wochen waren besser als alles, was Sankey und er sich je erträumt hatten. Die Menschenmassen drängten in die Kirche. Sie sangen, und sie hörten zu. Hunderte kamen durch die langen Gänge nach vorne, um Jesus anzunehmen. Die größte Kirche Edinburghs füllte sich bis auf den letzten Platz, als er dort predigte.

Die Pfarrherren waren begeistert von dem, was die beiden Amerikaner in Edinburgh getan hatten. Ganz Schottland sprach über sie. Bis nach England drang die Kunde von den Versammlungen. Horatius Bonar gab den neugierigen Reportern bereitwillig Auskunft.

„Alles in Ordnung!" sagte er. „Ich kann das jedem Zeitungsreporter bestätigen. Es gibt kaum eine Familie in Edinburgh, wo sich nicht ein oder mehrere Leute in den Moody-Versammlungen bekehrt haben. Schreiben Sie das ruhig in Ihr Londoner Blatt. Ich stehe hundertprozentig zu meiner Aussage."

Eines Tages erschien Bonar bei Moody in seinem Quartier. Etwas war anders als sonst. Dwight bot ihm Tee an. Aber Bonar stand steif neben dem Fenster und lehnte mit knappem Dank ab. „Heute nicht, Frau Moody."

Emma zitterte ein wenig. „Es macht mir keinerlei Umstände, Dr. Bonar."

Er schüttelte den Kopf. Dann brummte Dwight: „Setzen Sie sich bitte!" Doch der Schotte blieb beharrlich am Fenster stehen.

„Ich sehe mal nach den Kindern", erklärte Emma und verschwand.

Dwight überlegte, ob dies eine schottische Laune war, die ihm noch nicht aufgefallen war. „Was haben Sie, Dr. Bonar?" fragte er geradeheraus. „Ist das Dach der Kathedrale eingestürzt?"

Bonar verzog keine Miene. „Herr Moody, haben Sie in Chikago gelebt?"

„Natürlich."

„Waren Sie dort Angestellter?"

„Stimmt!" nickte Dwight. „Bevor Gott mir zeigte, daß meine Suche nach dem Glück –"

„Angestellter der C.N. Henderson-Schuhfabrik?"

Wieder nickte er. Nun zog Bonar verlegen einen Brief aus seiner Tasche. Langsam entfaltete er das Papier und sagte: „Herr Moody, der Brief stammt von einem Mann, der in Chikago wohnt. Sagen Sie mir, haben Sie noch für eine andere Schuhfabrik dort gearbeitet?"

Nun erzählte Dwight, wie Henderson gestorben war und er nach dessen Tod bei Buel, Hill & Granger Arbeit gefunden hatte. Er erwähnte auch Wiswall, seinen ersten Chef. Als er zu Ende war, sagte Bonar langsam: „Das stimmt genau mit dem überein, was ich hier lese."

„Nun, und was lesen Sie denn da?" fuhr es Dwight heraus.

„Etwas, das Ihre evangelistischen Anstrengungen auf anderen Kurs bringen könnte", fuhr der Mann fort. Er starrte aus dem Fenster und beobachtete die grauen Edinburgher Fassaden. „Herr Moody, dieser Brief klagt Sie an, während Ihres Anstellungsverhältnisses bei Henderson für eine Konkurrenzfirma gearbeitet zu haben. Man bezichtigt sie, von dieser Konkurrenzfirma für gewisse vertrauliche Mitteilungen bezahlt worden zu sein. Werkspionage, sozusagen –"

„Was für ein Unsinn!" rief Dwight.

„Ich hoffe, es ist Unsinn", nickte Dr. Bonar. Er setzte sich in den bequemen Sessel und legte seine langen Beine übereinander. „Nur – ganz so einfach ist die Sache nicht, Herr Moody. Jeder Pfarrer in Edinburgh hat eine Kopie dieses Briefes erhalten."

14

„Ich habe mich bei Wiswall voll eingesetzt. Und als ich ihn verließ, habe ich bei Henderson mein Bestes gegeben. Dieser Brief ist ein Hirngespinst“, erklärte Moody. Aber er wußte, daß sein Wort gegen die Anklage, die da schwarz auf weiß gegen ihn erhoben wurde, nichts ausrichtete.

„Ich will dazu Stellung nehmen. Die Sache klären. Vielleicht wird es ein Kampf – jeder Kampf ist schwer. Rufen Sie Ihr Komitee zusammen, Dr. Bonar – die Leute, die mich hierher eingeladen haben. Bei ihnen will ich anfangen.“

Aber seine Worte waren mutiger als sein Herz. Als der Schotte gegangen war, blieb Dwight allein sitzen, in Gedanken versunken. Wie konnte das nur geschehen? Warum? Es hatte so lange gedauert, bis die kühlen Schotten ihn akzeptierten. Und nun dies. Es konnte seine ganze Arbeit hier ruinieren.

Als er dem Komitee gegenüberstand, war er gerüstet zum Kampf. Er schilderte ihnen genau, wie er als Schuhverkäufer gearbeitet und gelebt hatte.

Der Vorsitzende hörte ihn freundlich an. „Mein Lieber, das Komitee nimmt Ihre Erklärung an und spricht Ihnen sein vollstes Vertrauen in dieser Angelegenheit aus.“ Dann aber fuhr er fort: „Sie wissen ja, daß die Schotten sehr vorsichtig sind. Sie gehen mit ihrem Geld und ihren Gefühlen äußerst sparsam um. Wenn sie den Eindruck haben, man könne einem Menschen in Finanzsachen nicht trauen, halten sie auch mit ihren Gefühlen zurück. Alle Pfarrer in dieser großen Stadt haben eine Kopie dieses Briefes erhalten. Lieber Bruder, die Verleumdung hat Sie schwer getroffen, und unser Vertrauen allein kann da nicht viel ändern." Der alte Schotte ging auf Moody zu und legte ihm die Hand auf die Schulter. Aber Moody ließ sich nicht so leicht trösten. Er wich zurück.

Den nächsten Schritt hatte er bereits durchdacht. „Sie irren sich. Man kann etwas ändern."

Der alte Präsident sah ihn betroffen an. „Aber – Sie wollen sich doch nicht in weitere Unannehmlichkeiten stürzen?"

„Nicht ich werde kämpfen", entgegnete Moody schlicht. „Sie werden es tun."

Schockiert steckte das Komitee die Köpfe zusammen und flüsterte beunruhigt.

„Nehmen Sie meine Erklärung nicht an. Sprechen Sie mir Ihr Vertrauen nicht aus." Moody trommelte mit den Fingern auf ein Bücherregal. „Gehen Sie dieser Sache auf die Spur. Suchen Sie den Verfasser dieses Schreibens. Schreiben Sie nach Chikago und sagen Sie allen, daß Sie in dieser Angelegenheit Nachforschungen anstellen werden."

„Nachforschungen?" Das Komitee schüttelte abwehrend die Köpfe. „Nein, mein Lieber."

„Aber sicher! Erkundigen Sie sich nach mir. Fragen Sie überall, wie D.L. Moody sich als Geschäftsmann verhalten hat. Und zwar vom Anfang seiner Laufbahn bis zum Ende. Fragen Sie, ob der Mann ehrlich sei und ob man ihm vertrauen könne. Und wenn Sie die Antwort haben, dann können Sie sie veröffentlichen – genauso wie dieser Kerl es mit seinen Lügen hielt."

Moody mußte noch stärker auf das Bücherregal trommeln, um die Männer von seiner Idee zu überzeugen. Sie protestierten, daß ein solches Vorgehen ganz und gar nicht der schottischen Art entspräche. Aber Moody fegte alle ihre Bedenken vom Tisch.

Eine letzte Frage blieb offen. „Während wir nun schreiben und auf Antwort warten – was geschieht mit den Versammlungen?"

Auch dafür wußte Moody Rat. „Sie werden weitergehen." Nun schienen die Schotten ernstlich beunruhigt, aber er zerstreute ihre Bedenken. „Wenn Gott mich brauchen will, wird er auch Leute in die Versammlungen schicken. Ich möchte weitermachen wie bisher."

Der Brief nach Chikago ging noch in der gleichen Woche ab. Moody predigte weiter, Sankey sang weiter, und das sechs Abende pro Woche. Es wurde geklatscht und geflüstert, aber die Edinburgher kamen, um die beiden Amerikaner zu hören. Abend für Abend drängten sich die Menschen in den Seelsorgeraum.

Aber das hintergründige Gemurmel war deutlich zu spüren, und das Warten auf Antwort aus Chikago schien kein Ende zu nehmen. Das Murmeln konnte zum Geschrei werden, wenn es sich ungehindert ausbreiten durfte.

Eines Tages erschien Horatius Bonar wieder bei Moody. „Herr Moody, ich habe einen Brief bekommen."

„Gute Nachricht aus Chikago?"

„Ja – wissen Sie es denn schon?"

„Nee", antwortete er ruhig. „Aber ich habe gebetet." Und die Antwort lautete genau so, wie er es erwartet hatte.

„Wir, die unterzeichneten Pastoren von Chikago, haben vernommen, daß D.L. Moodys Ehrlichkeit und seine Glaubwürdigkeit als Christ angezweifelt wurden. Wir können ihn jedoch unseren schottischen

Freunden als ernsthaften, vertrauenswürdigen Bruder in Christo wärmstens empfehlen. Wir glauben, daß der Herr geehrt wird, wenn ihn alle als Arbeiter im Weinberg des Herrn annehmen."

„Preis dem Herrn!" rief Moody. „Es lohnt sich also zu kämpfen!"

Die Klatschbasen waren zum Schweigen gebracht worden. So sangen die Edinburgher weiter ihre Lieder mit Sankey, freudiger als je zuvor. Und Moody predigte weiter mit Vollmacht.

Später wurden sie nach Glasgow eingeladen. Dort gab es keine Kirche und keinen Saal, der groß genug war, die herbeiströmenden Massen zu fassen. Etliche gingen dreißig Meilen zu Fuß, um die Versammlung besuchen zu können.

Die Wirklichkeit hatte Moodys kühnste Träume und Gebete übertroffen. Aber er war vorsichtig – und ehrlich – genug, um zu wissen, daß es trotz allem noch eine Anzahl Kirchenmänner in Großbritannien gab, die wünschten, er wäre über dem Atlantik geblieben. Dieses Wissen bestimmte sein Handeln, als Hugh Matheson aus London nach Schottland kam und ihn einlud.

„Herr Moody, London ist eine große, schmutzige Stadt, der reinste Sündenpfuhl. Ihr Art zu predigen würde die Leute dort ansprechen. Wollen Sie nach London kommen?"

Wie hatte er doch zu Emma gesagt, als sie das erstemal in England waren? „Ich wollte, ich dürfte eines Tages in London predigen." London war für ihn das höchste Ziel.

Freimütig erklärte er Matheson: „London war immer mein Traum gewesen. Ich habe lange dafür gebetet. Und überlegt, was ich sagen würde, wenn jemand mich einlädt. Ich will ehrlich sein."

Strahlend schlürfte Matheson seinen Tee. „Herr Moody, das ist schon eine Antwort, wenn Sie für London gebetet haben! Könnten wir die Daten bestimmen?“

„Halt!“ Dwight setzte schwungvoll seine Tasse nieder. „Das hab ich nicht gesagt – passen Sie auf: Ich werde nicht nach London kommen.“

Mathesons Tasse landete klirrend auf dem Unterteller.

„Zu dieser Entscheidung hat mich mein Gebet geführt. Ich werde nicht nach London gehen, Matheson. Nicht, bevor einiges nach meinen Vorstellungen geregelt wird.“

„Aber ich bin sicher, daß wir alles so einrichten können –“

„Wer hat Sie eigentlich zu mir geschickt?“ wollte Moody wissen.

„Nun, ein paar christliche Geschäftsleute, denen die Londoner am Herzen liegen –“

„Nicht gut genug –“

„Unsere Pastoren –“

„Unsinn, Herr Matheson. Hören Sie meine Bedingungen: Ich komme nicht eher nach London, als bis ich von jedem einzelnen Pfarrer der Stadt eingeladen werde. Ich weiß genau, was ich sage. Auf diesem ganzen Inselreich mußte ich gegen die heftigste Opposition kämpfen. Aber London ist zu groß, um einen solchen Kampf allein durchzustehen. Ich brauche Mitarbeiter, und ich brauche eine gute Organisation.“ Er lehnte sich zurück und betrachtete Hugh Matheson ernsthaft. Er wußte, was er wollte, und er würde erst nach London gehen, wenn alle seine Forderungen erfüllt waren.

Traurig fuhr Matheson nach London zurück. Und Moody predigte weiter in Glasgow, wo Abend für

Abend dreitausend Menschen seiner Botschaft zuhörten und siebzigtausend ihre Namen auf kleine Kärtchen schrieben und damit bezeugten, daß sie Jesus Christus als ihren Herrn anerkannten.

Moody strich London aus seinen Gedanken. Er und Sankey reisten weiter nach Forfar, Aberdeen, Tain und Huntley. In Huntley sprach er im Freien zu einer Zuhörerschaft von fünfzehntausend Menschen.

Anschließend wurden sie nach Irland eingeladen. Moody predigte in Belfast, Londonderry und Dublin. In Dublin tauchte ein Besucher auf. „Herr Moody, Sie können mich nicht wieder abwimmeln. Ich habe eine weite Reise hinter mir.“ Hugh Matheson klagte, schmeichelte, drängte.

Aber Moody war müde und überarbeitet. „Worauf warten Sie, Matheson?“

Der Londoner fummelte in seiner Westentasche. „Herr Moody, ich habe Ihnen ein wichtiges Dokument mitgebracht. Eine Petition.“ Er begann zu lesen: „‚Hiermit wird beschlossen, im kommenden Jahr besondere Evangelisationsversammlungen zu organisieren. Für diesen Zweck wird ein Fonds von nicht weniger als zehntausend Pfund bereitgestellt‘ – zehntausend, Herr Moody –!“

Diese Zahl mußte Moody zuerst verdauen. „Hübsche, runde Summe! Sollte eine gute Organisation ermöglichen. Weiter –“

„Und – äh – dieser Fonds soll einem Schatzmeister übergeben werden zur Verwaltung. Außerdem ist vorgesehen, hervorragende Evangelisten aus England, Schottland, Irland und Amerika einzuladen, um bei diesem Feldzug mitzuhelfen.“

Matheson machte eine Pause. „Wie finden Sie das?“

„Fein! Ich bin der Meinung, daß jede Evangelisation eine wunderbare Sache ist. Aber ich weiß nicht, weshalb Sie von mir nun eine besondere Reaktion erwarten. Ich habe meinen Namen nirgends gehört." Amüsiert beobachtete Moody Mathesons Gesicht.

„Herr Moody! Diese Petition ist unterzeichnet von den Vertretern sämtlicher Pfarrer und Prediger Londons. Alle wollen Moody und Sankey dort haben."

Jetzt lachte Moody. „Ja, warum haben Sie denn das nicht gleich gesagt? Das ist ja großartig! Wunderbar!"

„Sie sagen zu?"

„Ja – mit tausend Freuden. Darauf habe ich gewartet. Jetzt ist alles angelaufen. Ich komme!"

Aber als er darüber nachdachte, mußte er sich eingestehen, daß er im Moment noch nicht bereit war, nach London zu gehen. Zuerst mußte er sicher sein, daß die Londoner ihn verstünden. Er wollte nichts riskieren. Nichts, das seine Predigten in Mißkredit bringen würde. Deshalb setzte er noch eine Klausel ein. Vor der Evangelisation sollte eine Konferenz mit den Londoner Pfarrherren einberufen werden.

So geschah es. Moody fuhr quer durch das ganze Land, um daran teilzunehmen. Über fünfhundert Prediger erwarteten ihn. Er betrachtete sie so zwanglos, als ob er ihnen Schuhe verkaufen wollte, und war so beredt, als ob er Heiden vom Weg zur Hölle zurückhalten müßte.

Ohne Umschweife begann er: „Meine Herren, ich habe meinen Freund, Hugh Matheson, gebeten, einige offene Fragen zu regeln, bevor ich in Ihrer Stadt predige. Ich nehme an, daß Sie über mich einige seltsame Dinge gehört haben."

Die Zuhörer schmunzelten.

„Deshalb möchte ich heute und hier Rede und Antwort stehen. Fragen aus dem Publikum, bitte!"

Dreißig Sekunden lang herrschte atemlose Stille.

„Es spielt für mich keine Rolle, ob die Fragen beleidigend oder diskriminierend sind. Fragen sie einfach!“

Ein dicker Mann in der fünften Reihe stand auf. „Herr Moody, sind Sie eigentlich Angestellter von P.T. Barnum*?“

Ein deutliches Kichern war zu hören. Moody trat an den Rand des Podiums. „Nun, mein Herr – P.T. Barnum würde mich nicht haben wollen. Wenn ich aber vom englischen Beefsteak noch mehr zunehme, könnte er mich vielleicht eines Tages als Ausstellungsobjekt brauchen. Nächste Frage!“

Aus dem Hintergrund rief eine heisere Stimme: „Wird Herr Sankey mit amerikanischen Orgeln hausieren gehen?“

Moody grinste. „Wenn er das im Sinn hat, wählt er einen schlechten Job. Bis jetzt hat er noch keine verkauft. Weiter, der Mann dort hinten!“

„Herr Moody, wir haben verschiedene Anschuldigungen gehört, daß mit den Kollektengeldern nicht alles stimme. Und wie steht es mit den Lizenzen für Ihre kleinen Liederbücher?“

Moody trat hinter der Kanzel hervor und marschierte auf dem Podium hin und her. Fragen über seine Liederbücher regten ihn auf. Das Liederbuch, das er und Sankey in England zusammengestellt hatten, wurde massenweise gekauft. Aber sie hatten es herausgegeben, damit die Leute singen konnten und nicht, um ihren Frauen Pelzmäntel aus dem Ertrag zu kaufen.

„Ich nehme keinen Penny davon. Auch Sankey nicht. Die Einnahmen für diese Bücher gehen ohne jeden Abzug nach Chikago, um dort eine Kirche wiederaufzubauen, die vor einiger Zeit bis auf die

---

* amerikanischer Zirkus, der größte der Welt

Grundmauern niedergebrannt ist. Und zur anderen Frage: Herr Matheson, Sie sind Schatzmeister des Londoner Komitees. In diesem Augenblick übergebe ich Ihnen die Verantwortung für sämtliche Kollekten, die anläßlich dieser Veranstaltungen erhoben werden."

Nun sprangen einige Männer im Saal auf und riefen: „Was geschieht mit den Leuten, die sich bekehren?"

„Das ist eine gute Frage, aber sie geht mich nichts an", antwortete er kurz. „Meine Aufgabe ist es, die Menschen zu Jesus zu führen, nicht die Mitgliederlisten der Kirchen zu füllen."

„Haben Sie im Ernst die Absicht, etwas für die Bewohner der Slums, die Asozialen, zu tun?"

„Aber sicher. Ich habe noch mehr im Sinn – ich will sogar etwas für die Reichen in London tun."

Sie lachten wieder, aber Moody merkte den Unterschied. Er hatte sie gewonnen, und sie standen nun auf seiner Seite. „Weitere Fragen?"

Ein Mann auf der linken Seite stand auf. „Herr Moody, ich habe keine Angst vor Ketzern. Trotzdem – wir wären beruhigt, wenn wir Ihr Glaubensbekenntnis hätten. Könnten Sie es vor dem Feldzug veröffentlichen?"

Wieder schritt Moody nach vorn, beugte sich über das Podium und sagte vertraulich: „Nicht nötig. Ist längst gedruckt." Dann machte er eine Pause und fuhr fort: „Sie können es schwarz auf weiß lesen: Jesaja 53."

Dann hob er die Hand empor. „Ich glaube, London ist bereit für Moody. Aber ich muß etwas bekennen. Moody ist noch nicht bereit für London. Er wird es auch nie sein. Aber Gott ist bereit. Er will in Moodys Schuhen dort auf der Kanzel stehen und sein Wort verkündigen."

15

So fuhr Moody nach London. In die größte Stadt der Welt. Es war ein weiter Weg von dem engen Tal in Connecticut und von dem bescheidenen Schuhgeschäft in Court Street bis nach London. Ebenso weit war der Weg von der königlichen Oper zu dem winzigen, muffigen Zimmer über George Bennetts Apotheke in York.

In London standen Moody die vier größten Säle der Stadt zur Verfügung: Agricultural Hall, das königliche Opernhaus, Camberwell Hall und ein Stadion im East End, das extra für seine Versammlungen gebaut worden war. Es faßte zehntausend Personen. Er predigte drei- bis viermal am Tag, und Sankey sang. Vier Monate lang hielten sie dieses Tempo durch. Während dieser Zeit fanden mehr als 285 Versammlungen statt mit einer Zuhörerschaft von ungefähr zwei Millionen.

„Wenn man sich das vorstellt!“ spottete Moody. „Dwight L. Moody, ehemaliger Schuhverkäufer aus Amerika, der zudem ‚hab nicht‘ sagt statt ‚habe nicht‘ und der so dick wird, daß er nicht mehr in seine Anzüge hineinpaßt. Herrlich! Die Welt wird jetzt sehen, was Gott durch einen einzigen Menschen tun kann, der sich ihm vorbehaltlos zur Verfügung gestellt hat.“

Schließlich fuhren Moody, Emma, Sankey und Fanny im Jahre 1875 nach Amerika zurück. Nun sah die ganze Welt anders aus. Vor drei Jahren war er als unbekannter Prediger ohne Rückendeckung von

New York nach England gekommen. Jetzt kehrte er als weltbekannter Evangelist nach Hause zurück.

Nach Hause bedeutete die Farm in Northfield. Das Haus in Chikago, das der große Brand eingeäschert hatte, wurde nie wieder aufgebaut. Von New York aus fuhren er und Emma direkt nach Northfield. Als der Zug durch die kleinen Ortschaften von Massachusetts ratterte, dachte er bewegt an die Farm und an das enge, kleine Tal, seine Heimat.

Bevor er die Welt gesehen hatte, war ihm das Tal häßlich erschienen. Bevor er wußte, daß er Flügel besaß, die ihn über alle Berge trugen, war es für ihn wie ein Gefängnis gewesen. Jetzt aber erschien ihm die Heimat so schön wie das englische Seengebiet. Nichts war vergleichbar mit der Ebene von Indiana und Illinois. Die flachen Hügel bedeuteten Heimat. Er stand am Fenster und spähte nach den ersten Zeichen von Northfield.

Als der Zug einfuhr, stand eine Menschenmenge auf dem Bahnsteig. Etwa hundert Einheimische waren gekommen, ihn zu begrüßen. Er kletterte aus dem Zug und dachte an den Tag, an dem er eingestiegen war, um die Welt zu sehen – mit fünf Dollar in der Tasche, die dem Bruder gehörten.

„Willkommen daheim, Herr Moody!“

„Das ganze Tal ist stolz auf dich!“

„Hab immer gesagt, in dir steckt etwas! Trotz deiner Dummheiten.“

Er schüttelte ihre Hände und gab Gott und Emma alle Ehre. Voller Glück ging er durch das Dorf, scherzte und lachte und betonte immer wieder, wie herrlich es sei, nach Hause zu kommen.

„Nun, Dwight, jetzt bist du berühmt. Dein Name steht in den Bostoner Zeitungen. Was wirst du mit deiner Berühmtheit anfangen?“

Das war nur eine Frage von hundert anderen an jenem ersten Abend, aber sie traf ihn. Als die Kutsche ihn und Emma vom Dorf auf die Farm brachte, kreisten seine Gedanken um diese eine Frage. Später, als er alle Familienmitglieder ausgiebig begrüßt hatte – seine Mutter, den jungen Samuel und die anderen Brüder, die alle noch in Northfield lebten – setzte er sich ans Schlafzimmerfenster, schaute über die Hügel und dachte über diese eine Frage nach.

Berühmt sein ist etwas, ja. Rühmlich handeln – und damit Einfluß gewinnen – ist etwas anderes. Was wollte er jetzt wirklich tun? Er hatte keine Arbeit. Aber er vertraute dem Herrn bedingungslos. Er hatte eine Familie, für die er sorgen mußte. Emma, die kleine Emma und Will.

Er schaute über das sanfte Hügelland, das so harmonisch dalag, als ob Gott es geformt und mit behutsamer Hand in die richtige Lage geschoben hätte. Alles fügte sich so wunderbar ineinander. So sollte es auch im Leben eines Menschen aussehen. „Gut, Dwight, nun bist du also berühmt. Was wirst du damit anfangen?“

Plötzlich fiel es ihm ein: *Die Welt muß noch sehen, was Gott durch einen einzigen Menschen tun kann, der sich ihm vorbehaltlos zur Verfügung gestellt hat.*

Das Problem war nicht an einem Tag zu lösen. Die Postboten hatten diese Woche Hochbetrieb. Tag für Tag kamen Einladungen von amerikanischen Pfarrherren, Moody möge in ihrer Kirche predigen. Aber das warme Augustwetter lenkte ihn ab. Entschlossen schob er die Post beiseite und ritt mit seinem jüngeren Bruder Sam über die Felder.

Eines Tages waren sie mit der Kutsche unterwegs. „Sam, seit Jahren habe ich im Traum das Bild des Connecticut River gesehen. Es ist Gottes Land, Sam.“

„Oh – brr!" antwortete Sam zerstreut und knallte mit der Peitsche. „Vielleicht hast du recht. Ich bin zu nahe dran, vermutlich. Das Tal ist meine Heimat, das ist alles."

Dwight sprach lauter, als ob er den Föhren predigen wollte. „Wer hier leben darf, ist glücklich zu preisen. Gerade hier im Hügelland. Eigentlich braucht man doch nur einen Blick auf dieses Land zu werfen, um jemand davon zu überzeugen, daß es Gott gibt."

Sam zuckte die Achseln. „Weiß nicht. Dort ist einer, der vermutlich nicht deiner Meinung ist." Er wies mit der Peitsche auf eine kleine Hütte mitten im Wald.

Dwight fuhr herum. „Wer ist das?"

„Ein Mann. Gelähmt vom Hals abwärts. Er sieht dieses Tal nie."

„Halt den Wagen!"

„Wie bitte?"

„Ich möchte mit diesem Mann sprechen." Sam zügelte die Pferde. „Ist das seine Frau?"

„Die jungen Mädchen sind seine Töchter. Bei schönem Wetter sitzen sie immer auf der Treppe und flechten Stroh. Sie machen Hüte und verkaufen sie. Davon lebt die Familie. Sieh mal, Dwight, bist du sicher –"

„Wart einen Augenblick!" Schon war er vom Wagen gesprungen. Junge Mädchen lebten hier, eingesperrt in den Bergen. Keine Ausbildungsmöglichkeit. Die Dorfschule viel zu weit weg. Natürlich auch kein Geld, um die Schule zu besuchen, klar. Die bedrükkende Enge, die er aus der Zeit kannte, da er im gleichen Alter war. Waren die Mädchen aufgeweckt? Konnte man ihnen eine Chance geben?

Eine zehnminütige Unterhaltung genügte. Die Mädchen waren klug. Die Mutter auch, aber sie war verbittert. Was den Vater anbelangte, hatte Sam falsch geraten. Trotz seiner Lähmung hatte er einen tiefen, einfachen Glauben an Jesus Christus, und die ganze Familie liebte ihr Tal, ihre Heimat.

Als er wieder in der Kutsche saß, bat Dwight seinen Bruder, nach Hause zu fahren. Er war in die Hütte gelaufen in der Meinung, daß da Leute wohnten, die man bekehren müsse. Statt dessen hatte er eine Familie gefunden, in der trotz schwerer Schicksalsschläge Jesus Christus der Mittelpunkt war. Zwei kluge Mädchen, verurteilt dazu, noch zwanzig Jahre lang Strohhüte zu flechten, um den kranken Vater zu ernähren!

„Sam, ich habe eine verrückte Idee! Kann sein, Gott will, daß ich etwas für diesen Mann tue. Und für die beiden Mädchen. Und für alle die, die hier in den Bergen wohnen und denen es ähnlich ergeht."

Überrascht fragte Sam: „Was meinst du? Willst du eine Kirche bauen?"

Aber Dwight dachte nicht an eine Kirche. Weshalb sollte man klugen Köpfen nicht die Möglichkeit einer christlichen Erziehung geben? „Ich denke an eine Schule. Ich glaube, man sollte hier mit einer Schule beginnen."

Liebevoll sah der jüngere Sam den Bruder an. „Laß dein Mitleid nicht mit dir durchbrennen. Brauch deinen gesunden Menschenverstand. Du bist doch Prediger! Und zwar ein *berühmter* Prediger."

„Möglich, daß gerade das ausschlaggebend ist."

„Wie bitte?" Sam schüttelte verblüfft den Kopf.

„Kann sein, daß mir das die Möglichkeit gibt, eine Schule zu eröffnen, die es anderswo nicht gibt. Natürlich, ich hab auch keine gute Schulbildung aufzuweisen –" Er schaute auf die vollkommene, fein geschwungene Silhouette der Hügelkette, die sich gegen den Himmel abzeichnete. „Aber ich habe Freunde gewonnen. Ich habe Einfluß. Möglich, daß dies alles nötig ist, um hier eine Schule zu bauen."

„Aber weshalb denn, Junge? Laß diesen Traum fahren, bevor du eine Dummheit begehst!"

Dwight gab keine Antwort. Tief in seinem Inneren gärte der Traum weiter. Er wollte anderen helfen, diese Hügelkette zu übersteigen und dann zurückzukommen – wie er es getan hatte. Das könnte durch eine christliche Erziehung möglich werden. Während er seinen Gedanken nachhing, ratterte die Kutsche die Ulmenallee entlang und bog dann nach links ab zur Moody-Farm.

Jetzt durfte er den Stapel unerledigter Post nicht mehr ignorieren. Am nächsten Tag brachte ihm Emma ein Bündel Briefe ins Eßzimmer. „Dwight, ich bin mit meiner Weisheit am Ende. Was soll ich bloß mit deiner Post anfangen? Wenn du wenigstens so lange stillsitzen könntest, bis du mir gesagt hast, was ich antworten soll!"

Energisch zog er den schweren Eichenstuhl zurück und ließ sich hineinfallen. „In Ordnung", antwortete er gutmütig. „Ich sitz ja schon. Was möchtest du gerne wissen?"

„Brooklyn hat wieder geschrieben."

„So, so."

„Sie wollen jetzt Antwort. Sie könnten die Eisbahn mieten. Mit sechstausend Plätzen. Aber sie müssen unbedingt Antwort haben."

„Eine Eisbahn? Das gefällt mir nicht so ganz. Ich weiß nicht einmal, ob mir Brooklyn gefällt. Hab' dort schon mal gepredigt. Kalte Atmosphäre."

„Dwight, du kannst das doch nicht so einfach vom Tisch wischen!"

Er beugte sich über den Tisch und nahm ihr die Briefe aus der Hand. Schließlich legte er sie auf den

Tisch und bedeckte sie mit seiner Hand. „Emma", erklärte er ihr ruhig, „du und ich, wir gehören zusammen und denken in vielem gleich. Aber nicht in allem. Jetzt sieht manches anders aus. Wir haben gesehen, was in England geschehen ist. Es geht um mehr, als Brooklyn eine Zusage zu geben. Es werden noch andere Anfragen kommen. Soll ich mir von den Leuten schmeicheln lassen und von einem Ort zum anderen jagen?"

„Aber du wirst doch nach Brooklyn gehen und dort predigen?"

„Oder vielleicht irgendwo bleiben und eine nützliche Arbeit für Gott tun."

„Du meinst Chikago, nicht wahr?" fragte sie ruhig. „Du möchtest dorthin zurückkehren?"

Nun eröffnete er ihr seine Pläne. Er hatte Northfield im Kopf. Hier wollte er eine Schule für Mädchen gründen, die keine andere Ausbildungsmöglichkeit hatten.

Verstört blickte Emma ihn an. „Eine Schule, Dwight? Du? Aber – du bist doch gar nicht –" sie unterbrach sich.

Er wußte, was sie meinte. „Nein, ich bin nicht – aber ich habe eine Lehrerin *geheiratet*", erinnerte er sie. „Und ich könnte doch eine Schule bauen."

Sie sagte nichts, betrachtete nur den Stapel von Briefen unter seiner Hand. Endlich schaute auch er auf den Stapel, und nach einer Weile nahm er einen Brief zur Hand und las ihn. Er las die Anfrage der Leute aus Brooklyn und auch die erste, die sie schon vor ein paar Wochen abgesandt hatten. Er hatte das Empfinden, daß diese Stimmen zu laut waren. Sie erstickten seinen Traum.

Was wollte Gott, daß er tun sollte? Wollte er, daß Dwight L. Moody von einer Stadt zur anderen jagte und tat, was ihm am meisten lag? Er seufzte und legte die Briefe wieder weg. Wahrscheinlich würde er in Brooklyn zusagen.

Zwei Monate später, im Oktober 1875, war er in Brooklyn und predigte Abend für Abend im Eisstadion zu sechstausend Menschen. Auch Sankey war dabei. Die Leute sangen aus voller Kehle zum Klang des kleinen Harmoniums. Und wenn der Evangelist nach der Predigt zur Entscheidung aufrief, strömten Hunderte durch den langen Gang in den Seelsorgeraum.

Was nach Brooklyn geschehen sollte, war eine offene Frage. Was wollte Gott von ihm? Eines Tages erschienen zwei Besucher in seinem Büro im Eisstadion, die etwas auf dem Herzen hatten. George Stuart und sein Freund waren Geschäftsleute aus Philadelphia und, wie Moody erfuhr, gute Freunde von John Wanamaker. Er schubste einen Stoß Liederbücher und alte Papiere von den Stühlen und bot ihnen Platz an.

Sie fragten ihn, ob er in Philadelphia predigen würde. Auf ihren Gesichtern las er, daß sie keinesfalls eine Absage erwarteten. Es war sinnlos, ihnen sein Problem erklären zu wollen. Sie setzten voraus, daß er die Absicht hatte, eine gigantische Predigt-Tournee durch alle bedeutenden Städte der Vereinigten Staaten zu organisieren und seine einmaligen Feldzüge fortzuführen. Und sie zweifelten nicht im geringsten daran, daß auch Gott dies von Dwight L. Moody erwartete.

Sie waren so überzeugt davon. Moody überraschte sich dabei, daß er vor den beiden Fremden laut dachte: „Predigen vor einer großen Zuhörerschaft ist wie Brot und Wein für mich, das muß ich zugeben. Wäre das auch so, wenn Gott mich nicht an diesem Platz haben wollte? Menschen überzeugen – und dann die große Belohnung. Zuerst waren es Schuhe – und nun ist es das Evangelium." Eigentlich sprach er nicht zu den beiden Männern, sondern eher zu sich selbst. „Wenn man sieht, wie der rothaarige Mann dort drüben nach vorne kommt – das kleine blonde Mädchen von der Galerie – die Großmutter dort hinten – Hunderte von Menschen kommen zu Jesus, weil man ein paar Worte gesagt hat – Worte, denen nichts anderes auf der ganzen Welt gleichzustellen ist." Er beantwortete sich selbst ihre Frage. „Ja, ich werde nach Philadelphia kommen. Aber unter einer Bedingung."

Die beiden Männer lächelten einander zu. „Und das wäre?"

„Ich liebe großzügige Menschen. Ich liebe große Säle und große Versammlungen. Nachlässigkeit und Unordnung regen mich auf. Deshalb nehmen Sie bitte die Organisation des Feldzugs in die Hand, suchen Sie einen Saal, der mindestens doppelt soviele Menschen faßt wie die Eisbahn hier in Brooklyn. Ja, mieten Sie einen Raum, groß genug, um eine Armee von Sündern aufzunehmen. Dann komme ich nach Philadelphia."

Aber seine Bedingung war nicht so einfach zu erfüllen. Auf der Heimreise dachten die beiden Männer, sie hätten den gewünschten Saal bereits gefunden. „Wir mieten den größten Schuppen von Philly – das Güterdepot!"

Das Güterdepot lag mitten in der Stadt. Es war gerade erst gebaut worden, war zum Verkauf ausgeschrieben und stand leer. Es faßte mindestens zehntausend Menschen, das reichte für Moody.

Die Pennsylvanische Eisenbahngesellschaft enttäuschte die beiden Herren. Ein Geschäftsmann der Stadt hatte Vorkaufsrecht, und die Bahn durfte das

Depot nicht vermieten. Auf Drängen der beiden Freunde hin stöberte der Beamte in den Akten und nannte ihnen den Namen des interessierten Käufers: John Wanamaker.

Zuerst war Stuart begeistert. Dann zutiefst enttäuscht. Wanamaker war in Europa. Umgehend telegrafierte er ihm:

> John Wanamaker: Habe Moody für einen Feldzug eingeladen. Suchen verzweifelt großen Saal. Nur Güterdepot geeignet. Bahn will nicht vermieten, wartet auf Ihr Kaufangebot. Bitte um Mitteilung, ob Sie vom Vorkaufsrecht zurücktreten wollen.
>
> George Stuart

Die Antwort kam postwendend:

> George Stuart: Habe nicht die Absicht, meinen Plan zu ändern. Brauche Depot für geplante Expansion. Komme bald. John Wanamaker

Ungeduldig wartete das Komitee, das Moody eingeladen hatte, auf Wanamakers Rückkehr. Ihre einzige Chance war eine persönliche Unterredung mit dem Unternehmer. Leicht verärgert suchten sie ihn in seinem Büro auf. „Sie blockieren die Evangelisation!"

„Nun, meine Herren, Sie wissen, ich bin ein christlicher Geschäftsmann", erwiderte Wanamaker. „Geschäftsmann – und Christ. Ich brauche das Depot, deshalb kaufe ich es. Nichts natürlicher als das. Der Kaufvertrag ist bereits unterschrieben. Und dann werde ich es auf die beste Art einweihen, die ich mir vorstellen kann: durch eine Evangelisation von Moody!" Ein triumphierender Blick ging in die Runde. „Hab eine Überraschung für das Komitee mitgebracht. Es würde mir das Herz brechen, wenn ihr guten Leute für die Miete des Depots aufkommen müßtet. Darum hab ich es sofort gekauft. Er gehört Ihnen und Moody, solange er bleiben will. Ohne Miete."

Als Moody in Philadelphia ankam, stellte er befriedigt fest, daß die Vorbereitungen wie am Schnürchen liefen, genauso, wie er es liebte. John Wanamaker selbst kümmerte sich um die Bestuhlung. Er bestellte 8900 Stühle für das Parkett und 1300 für die Galerie. Und 8 Stück zusätzlich.

„Acht dazu?" fragte Moody überrascht.

„Acht Stühle sind nicht viel. Aber sie können den Unterschied ausmachen zwischen einem halbvollen Haus – und zweitausend, die am ersten Abend umkehren müssen."

Moody verstand noch immer nicht.

„Niemand interessiert sich für runde Zahlen. Die Leute möchten genaue Zahlen! Und die Halle faßt genau 10 208 Personen. Geschäftssinn, lieber Moody!"

Ja, dies war die Art von Geschäftssinn, durch den Dwight L. Moody, Handelsreisender der Firma C.N. Henderson, Unmengen von Schuhen verkauft hatte. Er zeigte sich auch hier in Philadelphia. Es kamen doppelt soviele Zuhörer wie in Brooklyn. Die 10 208 Stühle waren beinahe Abend für Abend restlos belegt. Morgens hielt er um 8 Uhr einen Gottesdienst, und bereits um 4.30 Uhr standen die ersten Leute Schlange vor der Schuppen-Kirche, um teilnehmen zu können.

Während der Versammlungen in Philadelphia wurde er nach New York eingeladen. Er sagte zu. In diesem Frühling füllte er das Glanzstück der Madison Avenue, das nagelneue, glitzernde Hippodrom. Er wurde beflügelt und getragen von der Begeisterung der Zuhörer und von dem Ansturm auf die Seelsorgeräume.

Die Welt muß noch zu sehen bekommen, was Gott durch einen einzigen Menschen tun kann, der sich ihm vorbehaltlos zur Verfügung gestellt hat. Jeden Tag wunderte sich Moody aufs neue über das, was Gott durch einen einfachen Bauernjungen tat.

In New York traf er eine alte Freundin aus Chikago, eine ehemalige Sonntagsschullehrerin aus der Illinois-Street-Church, die jetzt Avenue Church hieß. Emeline Dryer war extra von Chikago nach New York gekommen, um Moody zu sehen. Sie wollte ein Projekt mit ihm besprechen, das ihr schon lange auf dem Herzen lag, weil sein Wort, wie sie betonte, immer noch Gewicht hatte in der Kirche, die aus jener Sonntagsschule in der Markthalle entstanden war.

Moody stapelte Liederbücher aufeinander und hörte dabei ihre Geschichte an. Jahrelang hatte sie Bibelgruppen in der Kirche geleitet, und die Schülerzahl war ständig gewachsen. Aber weil die Stadt so groß war und die Leute in allen Richtungen verstreut wohnten, konnte man die Bibelstunden nur einmal in der Woche halten. Die Leute wünschten aber mehr und intensiveres Bibelstudium.

„Hier nun mein Vorschlag: Ich hätte gern Ihre Erlaubnis, das Geld zu sammeln, um die Gebäude in der Nähe der Kirche zu kaufen. Meine Bibelschüler könnten dort wohnen und wären jeden Abend da, um die Bibel zu studieren. Ich denke an eine Art Abendschule."

Moody legte die Liederbücher beiseite. „Ganz so praktisch scheint mir deine Idee nicht zu sein, Emeline. Nein, ich kann mein Einverständnis zu einem so überspannten Vorhaben nicht geben."

Ihre Augen blitzten ihn an. „Das ist nicht überspannt! Ich hab sogar schon ein passendes Haus im Kopf. Ein mächtiger, alter Ziegelkoloß. Er ist billig zu haben und liegt ganz in der Nähe der Kirche. Er würde für uns genügen."

„Nein, tausendmal nein!"

„Herr Moody, ich bin extra von Chikago hierhergekommen, um Ihre Einwilligung zu erhalten."

„Nein! Unter gar keinen Umständen. Ich habe nicht die Absicht, von New York aus ein Projekt zu bewilligen, von dem ich so gut wie gar nichts weiß. Aber ich will darüber nachdenken, Emeline. In ein paar Tagen werde ich nach Chikago kommen, dann wollen wir weiter darüber reden."

Er ging mit den Liederbüchern hinaus. So eine energische, kleine Frau! Sie war intelligent – konnte ohne weiteres Schuldirektorin sein. Sie war ausdauernd – konnte zweifellos noch jahrelang mit ihren Bibelstunden fortfahren. Aber ihr Vorschlag war nicht sehr geschäftstüchtig. Solch eine merkwürdige Idee!

Dann aber – vielleicht waren Emeline Dryers blitzende Augen daran schuld – erinnerte er sich an zwei junge Mädchen, die in einer Northfielder Hütte Strohhüte flochten.

16

„Dwight, deine Idee, hier eine Schule zu bauen, ist ebenso unvernünftig, wie wenn man im Hochgebirge eine Schiffswerft bauen wollte. Dieses einsame Hügelland eignet sich doch nicht für eine höhere Töchterschule!“ Das sagte Dwights Freund Marshall an einem schönen, frischen Herbstmorgen im Jahre 1878. Die beiden Männer standen vor der Moody-Farm und schauten über das Tal.

Den ganzen Morgen hatte Moody sein Projekt so begeistert geschildert, als ob er in einem riesigen Zirkus predigen würde. Einsames Hügelland, wie bitte? Dramatisch erzählte er von den beiden klugen, hübschen Mädchen, die dazu verurteilt waren, ihr ganzes Leben lang Strohhüte zu flechten, weil niemand ihnen eine angemessene Erziehung ermöglichte. Sie konnten die Kosten für die Dorfschule nicht aufbringen – und obendrein war es äußerst dürftig, was die Dorfschule zu bieten hatte. Außer ihnen gab es Dutzende anderer Mädchen in der Gegend – auf den Farmen, in Berghütten, in dieser ganzen abgelegenen Gegend.

Und das mit der höheren Töchterschule! Verärgert schüttelte Moody den Kopf. Ihm schwebte eine Grundschule vor, ohne unnötigen Ballast, aufs Praktische ausgerichtet, kurz, eine christliche Schule, in der Christus und dem Wort Gottes der erste Platz eingeräumt wurde. Höhere Töchterschule! „Nichts für mich!“ erklärte Moody.

Jetzt – es war beinahe Mittag – schien der wohlhabende Bostoner Geschäftsmann beinahe überzeugt zu sein. „Komm mal hierher!“ rief Moody. „Sieh dort, auf der anderen Seite des Zaunes! Stell dir dort einen grauen Steinbau vor – da drüben, wo die Ulme steht!“

„Mhm“, nickte Marshall, ganz und gar nicht begeistert.

„Was würdest du von den Fenstern aus sehen?“ fragte Moody hartnäckig.

„Vermutlich den Fluß. Bäume. Das Tal.“

War der Mann denn blind? Vor ihm breitete sich einer der reizvollsten Landstriche aus. Als er die Hügelkette vor sich sah, erinnerte sich Moody an die oft schmutzigen Straßen der Städte, an Flüsse, die er überquert hatte, und Ortschaften, durch die er seit seiner Heimkehr aus England geritten war. Im ersten Jahr war er in Brooklyn, Philadelphia und New York gewesen. Im Jahr darauf in Chikago und Boston. Im dritten Jahr – Winter 1877/78 – hatte er eine Rundreise durch die kleineren Städte des Ostens gemacht. Springfield, Massachusetts, Hartford und New Haven, Connecticut. Jetzt war er ins Tal zurückgekehrt, um sich auszuruhen.

„Du würdest Gottes wunderbare Schöpfung von den Fenstern aus sehen, Marshall. Auch das ist christliche Erziehung. Wer könnte bezweifeln, daß ein liebender Gott einen Heilsplan für uns hat – mit dieser herrlichen Natur vor Augen!“

Marshall war zwar nicht begeistert, aber er hatte sich überzeugen lassen. Er ließ gelten, daß Moody das Land, seine Bewohner, ihre Bedürfnisse und Möglichkeiten kannte. Wieder warf er einen Blick über das Weideland. „okay“, nickte er. „Wenn du diese magere Wiese da kaufen kannst, will ich dafür sorgen, daß du Geld bekommst. Das wolltest du doch von mir, alter Schlaumeier?"

Sie diskutierten weiter. Moody zeichnete eine Skizze von dem Gebäude, das ihm vorschwebte. Da rumpelte ein Fuhrwerk vorbei. Der Lenker des Wagens rief einen Gruß herüber, sprach ein paar Worte über Frostgefahr und wollte weiterfahren, als es bei Moody klickte. Ob der Mann nicht seinen Bostoner Freund kennenlernen wolle? Übrigens, Emma hatte sich längst erkundigt, wie es um die Gesundheit seiner Frau stünde. Ob er für einen Schwatz ins Haus kommen wolle?

Aber der Farmer war schüchtern. Als er hörte, daß Moodys Freund aus Boston kam, wollte er weiterfahren. Doch schnell trat Moody an den Wagen, tätschelte das Pferd und sprach auf ihn ein wie ein Wasserfall. Endlich sprang der Bauer zögernd vom Wagen.

„Hier ist der Mann, dem die Wiese gehört", stellte ihn Moody seinem Freund Marshall vor. Er klopfte dem Farmer auf den Rücken und sagte: „Ich glaube, Sie würden sie gern verkaufen."

Der Farmer verzog den Mund. „ich bin nicht hierhergekommen, um Ihnen etwas zu verkaufen, Herr Moody."

Marshall lächelte in sich hinein und wandte den Blick ab. Moody ließ nicht locker. „Spielt doch keine Rolle. Wollen Sie Ihre Wiese da drüben verkaufen?"

Marshall warf ein: „Du siehst doch, daß dein Freund die Wiese behalten will."

„Nein, darum geht es nicht. Aber das Land ist karg. Da wächst nur Mais. Und mageres Gras, eigentlich nur Stoppeln. Herr Moody ist mein Freund, und ich will ihn nicht übervorteilen."

„Ich seh ja die Stoppeln!" rief Moody.

Der Farmer wandte sich an Marshall. „Mein Herr, Dwight Moody ist ein guter Mann, aber vom Boden versteht er nichts. Er hat zu lange in der Stadt gelebt."

Marshall lächelte, und Moody sagte energisch: „Ich will dieses Land haben. Laß die Stoppeln nur meine Sorge sein!" Eine Gelegenheit wie diese gab es nur alle zehn Jahre einmal – der Mann mit dem Land und der Mann mit dem Geld einträchtig nebeneinander – inmitten seines Traumes! „Auf mein Wort! Ich will das Land, samt Stoppeln und Steinen."

„Na gut", nickte der Farmer und wischte die Hand schüchtern an seiner Hose ab.

„Kommt ins Haus, da können wir die geschäftlichen Dinge gleich besprechen." Damit führte Moody den Mann auf die Farm zu. Der Bauer schaute immer wieder traurig auf sein Land zurück. „Der reinste Sandhaufen ist das, dort drüben bei der Ulme."

Der Rest war reine Formsache. Emma brachte ein paar Blatt Papier. Die Bedingungen wurden ausgehandelt, so daß beide Teile zufrieden waren. Schließlich unterschrieben beide – und das magere, unfruchtbare Stoppelfeld gehörte Dwight L. Moody, der es zu einer Mädchenschule umfunktionieren wollte.

Dies war der erste Landkauf. Andere folgten.

„Herr Moody, Sie würden mir einen riesigen Gefallen tun, wenn Sie mir mein Land abkauften. Seit zwanzig Jahren ärgere ich mich über jeden Quadratmeter – Steine, nichts als Steine. Kein Wunder, die angrenzende Parzelle ist ja auch nicht besser!" Die angrenzende Parzelle war natürlich die, die Moody dem ersten Farmer abgekauft hatte.

So kaufte er eine ganze Reihe armseliger, unfruchtbarer Farmen auf. Freunde wie Marshall gaben das Geld, wenn auch mit zweifelndem Herzen. Innerhalb von sechs Monaten, im Frühling 1879, sah es aus, als ob Moodys langgehegter Traum Wirklichkeit würde. Wie begeistert wäre Sam gewesen. Aber sein Bruder war vor zwei Jahren gestorben.

An einem schönen Frühlingstag legte Moody den Grundstein mit der Maurerkelle seines Vaters. Klassenzimmer und Schlafräume waren vorgesehen. Jeden Tag ging er auf die Baustelle und feuerte die Arbeiter an wie ein Feldzugskomitee. „Fein, großartig, ihr Männer! Nur so weiter! Wir müssen unseren Termin einhalten."

Aber von Anfang an blieb der Bau hinter dem vorgesehenen Termin zurück. Die Arbeiter seien so tranig wie Sirup, brummte Moody. Niemals würde der Bau bis November fertig. Und er hatte doch den Mädchen die neue Schule für November versprochen und in der ganzen Gegend verkündet, daß bis dahin alles fertig sei und der Unterricht beginnen könne.

Ein heißer Sommer folgte, und die Arbeit ging noch schleppender voran. Niemand machte sich Gedanken darüber. Emma war beschäftigt mit ihrem Jüngsten, Paul, der im Frühling geboren war, ungefähr zur Zeit der Grundsteinlegung.

„Dwight, bist du es? Bring mir doch bitte ein Handtuch. Ich bade den Kleinen gerade."

Dwight kam gerade von seinem täglichen Kontrollgang auf dem Bauplatz zurück und hörte kaum hin.

„Ein Handtuch, bitte!"

„Handtücher können warten", entgegnete er kurz. „Ich geh schnell hinauf – muß etwas ausmessen. Ich glaube, wir haben genug Platz hier im Hause. Da könnte man eine Wand herausbrechen – und dort – ich glaube, aus den Zimmern im ersten Stock ließe sich im Handumdrehen ein Schlafraum machen. Im Eßzimmer könnte der Unterricht stattfinden. Es muß gehen – vorübergehend natürlich. Deshalb wird es ihnen sicher nichts ausmachen, wenn's zunächst ein wenig eng ist."

„Um Himmels willen, wovon sprichst du denn, Mann?"

Voller Freude eröffnete er ihr, daß er nun sein Versprechen, die Schule im November zu eröffnen, halten könne. Ihr eigenes Haus würde vorübergehend als Schlaf- und Klassenzimmer dienen.

Emma erinnerte ihn daran, daß er eine große Tochter, einen springlebendigen Sohn hatte, und außerdem ein Baby im Haus sei. Wollte er wirklich sein Haus auseinanderreißen und mit Mädchen aus den Bergen füllen?

Die Zimmerleute brachen über die Moody-Farm herein wie ein Bienenschwarm. Die Sägespäne erinnerten zwar an ein Picknick im Wald, aber wenn Will und die kleine Emma damit spielten, mußten sie den ganzen Tag niesen. Das Baby schrie oft wie am Spieß, um sich die nötige Beachtung zu verschaffen. Die Arbeiter zertrampelten die Blumenbeete, und Emma war alles andere als glücklich.

Aber gegen Ende des Sommers hörte Dwight, wie sich Emma bei den Arbeitern nach den Fenstermaßen im oberen Stock erkundigte.

„ich dachte – nun, ich habe hübschen Stoff im Kaufhaus entdeckt", sagte sie zu ihrem Mann. „Ich dachte – die Mädchen hätten doch sicher Freude an bunten Vorhängen, meinst du nicht?"

Wie Moody befürchtet hatte, war der graue Steinbau im November nicht bezugsbereit. Aber der Schlafsaal im Farmhaus war eingerichtet. Obwohl Dwight und Emma gerade in einer Versammlung in St. Louis waren, öffnete die Schule ihre Pforten zum angekündigten Datum. Schon zu Beginn hatten sich dreimal mehr Mädchen angemeldet, als man allgemein erwartet hatte. Über fünfundzwanzig Northfield-Töchter wünschten eine christliche Ausbildung.

Später im Herbst kehrte Moody nach Northfield zurück. Lange stand er im Hintergrund eines Klassenzimmers und beobachtete seine Schülerinnen, die von einem der besten Lehrer unterrichtet wurden, die er hatte finden können. „Herr, ich danke dir für alles, was du mir gegeben hast – meine Überredungskunst, Freunde, die Geld haben und großzügig genug sind, es für einen guten Zweck auszugeben. Ich danke dir auch, daß ich meine eigenen Schwächen so genau kennen darf – danke für alles, was du mir gegeben hast, Herr!" meditierte er. „Ich habe versucht, es dir zurückzugeben, dir zur Verfügung zu stellen." Wie sonst wäre es möglich gewesen, daß ein einfacher Bauernjunge, der seine Bildung in einer einklassigen Dorfschule bezogen hatte, eine eigene Schule gründen konnte?

Ein paar Tage später kam Besuch aus Boston. Hiram Camp, schlank und muskulös für seine siebzig Lenze, schritt im Wohnzimmer der Moodys auf und ab, während sich Dwight auf der Couch räkelte. „Hiram, du bist bei mir an der falschen Adresse. Ich verstehe nichts von juristischen Fragen."

„Ein Testament ist noch keine juristische Frage. Ich brauche geistliche Hilfe, deshalb bin ich zu dir gekommen. Ich möchte, daß nach meinem Tod mein Geld einem guten Zweck zugute kommt."

Moody dachte nach. Er mußte seinen Einfluß geschickt geltend machen. Der Mann würde voraussichtlich innerhalb der nächsten zehn Jahre sterben. „Ich gebe dir einen guten Rat: Ein Mensch muß schwer arbeiten, um zu Geld zu kommen. Deshalb darf er sich auch bei Lebzeiten hin und wieder einen Spaß erlauben."

„Aber Moody, du glaubst doch nicht –“

Schnell verbesserte er sich. „Nicht eigentlich Spaß. Ich meine eher Freude, Genugtuung, Hiram. Ich empfehle dir folgendes: Gib dein Geld weg, bevor du stirbst!“

„Ich dachte an ein Denkmal, ein Monument oder so was ähnliches.“

„Dann bau es, bevor du stirbst!“ riet ihm sein Gesprächspartner und steuerte direkt auf das Ziel zu: „Hiram, seit Monaten sind die Leute hinter mir her und bitten mich, auch Jungs in meiner Schule aufzunehmen. Talauf, talab höre ich die gleiche Geschichte: ich sei parteiisch, benachteilige die Buben. Hier ist dein Denkmal, Hiram: Bau eine Schule für Buben – so ähnlich wie meine Mädchenschule in Northfield.“

„Dazu bin ich zu alt.“

„Ach wo!“

„Doch.“ Langsam fügte er hinzu: „Wenn du glaubst, daß eine Bubenschule so wichtig ist, dann bau sie doch selber.“

„Gut – mach ich.“

„Was faselst du da?“

„Ich baue sie – wenn du mir das Geld dazu gibst.“

„Was – ich? Du –“ stotterte Hiram. Dann lachte er: „Okay. Du hast gewonnen! Warte, ich such' mein Scheckbuch.“ Langsam zog er es aus der Tasche. „Hier.“ Er beugte sich über den Tisch. „Du bist ein gerissener Kerl!“ Die Feder kratzte über das Papier. „So – das ist genug, um ein paar hundert Morgen Land und einige alte Farmen zu kaufen. Was sagst du nun?“

Moody griff nach dem Scheck. Bevor er ihn in der Hand hatte, sah er, daß er auf fünfundzwanzigtausend Dollar lautete.

„Geh und bau deine Bubenschule!“ sagte Hiram Camp einfach.

„Ja, das tu ich.“

Moody hielt Wort. Im Mai 1881 wurde die Mount-Hermon-Schule in zwei Northfielder Bauernhäusern eröffnet. Zweck der Schule: Bauernburschen für eine christliche Erziehung zu vermitteln, für die sie selbst nicht aufkommen konnten.

17

Es war herrlich, wieder in Chikago zu sein! Dwight L. Moody liebte den Geruch dieser Stadt. Es roch wie ein Gemisch aus gutem Schuhleder und schwarzer, lockerer Erde. Aber das war's natürlich nicht. Es umfaßte alles, was diese junge, geschäftige Stadt aufzuweisen hatte – Fabrikrauch, Holzstaub von Bauplätzen und Viehhöfe.

Es war herrlich, wieder in Chikago zu sein und zu sehen, wie sich diese Stadt in fünfzehn Jahren verändert hatte. Diese Stadt, die so auf Großes versessen war, daß sogar das Feuer groß sein mußte, das darin gewütet hatte. Ein Teil von Moody war immer in Chikago geblieben, und zwar an der Stelle, wo jetzt die Avenue Church stand, die mit einem zusammengewürfelten Haufen schmutziger Kinder aus dem Slumviertel begonnen hatte.

Moody konnte die schnelle Fahrt durch die Straßen von Chikago nicht recht genießen. Er hatte einen kurzen Abstecher in die Stadt gemacht, bevor er den Zug nach Süden nahm. An seiner Seite saß eine energische kleine Frau, die ihm Dinge zeigte, die er lieber nicht gesehen hätte.

Die Frau war Emeline Dryer. „Rechts, Herr Moody, ist das alte Lagerhaus", sagte sie eindringlich. „Wir haben es für einen Pappenstiel gemietet. Unten haben wir Klassenzimmer eingerichtet, oben Schlafräume."

Moody brummte: „Sieht aus wie ein Abbruchobjekt."

„Ist es auch vermutlich“, entgegnete Emeline geduldig. „Aber für uns sind diese alten Hütten immer noch besser als Zelte.“

„Eines Tages wird es einstürzen, Emeline. Ich hab’ genug gesehen. Es ist höchste Zeit für mich, zum Bahnhof zu gehen. Du hast mir jetzt so viele Bruchbuden in der Stadt gezeigt, daß ich mir gut ein Bild machen kann von dem, was sich hier tut. Wenn ich gewußt hätte, wie sich die Sache entwickelt, hätte ich anno 76 niemals meine Einwilligung gegeben.“

Damals war Emeline, nachdem Moody ihre Bitte abgelehnt hatte, keineswegs mutlos geworden. Sie wartete, bis er ein paar Monate später in Chikago predigte. Dann nahm sie einen neuen Anlauf und bat ihn, doch endlich etwas für die Leute zu tun, die zusammen wohnen und Abendbibelkurse besuchen wollten. Zögernd hatte Moody ihrem Vorschlag zugestimmt. Inzwischen hatten Emeline und ihre Getreuen die Bibelschüler in alten Häusern und Wohnungen, die über die ganze Stadt verstreut waren, untergebracht.

„Das Ganze sieht wie ein Zigeunerlager aus, zu armselig für anständige Leute. Was für ein Zeugnis ist denn das, Emeline?“ Es ärgerte ihn, weil er sich das Christsein immer wie ein großes Geschäft vorstellte. Farwell Hall war gut und großzügig gebaut worden, ebenso die Illinois-Street-Church. Er predigte niemals in armseligen Hütten oder zerschlissenen Zelten. Solche Stätten wurden dem Evangelium von Jesus Christus nicht gerecht. Er war entmutigt von dem, was er gesehen hatte, und es tat ihm leid, daß er gewissermaßen mitverantwortlich dafür war.

Aber auf der Fahrt zum Bahnhof redete Emeline immer weiter. „Wir wissen, daß Sie recht haben, Herr Moody. Darum sollten Sie uns jetzt weiterhelfen. Ich glaube, wenn wir die kleinen Gruppen, die jetzt über die ganze Stadt verstreut sind, zusammenfassen und organisieren könnten –"

„Organisieren!" grollte er. „Wozu denn?"

Die Kutsche rollte weiter. „Das wissen wir eben nicht. So eine Art Schule für Erwachsene, für Männer und Frauen, für alle Gemeindeglieder –"

Moody unterbrach sie. „Und was würde dabei herauskommen? Baufällige Schuppen, löchrige Zelte und ein Sammelsurium von Leuten. Nein, meine Liebe! Ich bin entsetzt. Nun weiß ich auch, weshalb du willst, daß ich heute abend zu deinen Freunden spreche."

„Stimmt. Deshalb –"

„Deshalb mußte ich diese Fahrt mit dir machen. Na gut, aber ich werde kühl und sachlich überlegen. Weißt du, was ich heute abend sagen werde? ‚Denkt nicht daran, diesen zusammengewürfelten Haufen von Leuten und baufälligen Hütten zu organisieren, bevor ihr nicht einen finanziellen Rückhalt von $ 250.000,– aufgebracht habt!'"

Emeline wurde bleich und hielt sich an der Kutsche fest, als sie um die nächste Ecke bogen.

„Keinen Penny weniger! Wenn ihr die Summe zusammenhabt, laßt es mich wissen. Dann werde ich mich vielleicht für eure Schule interessieren."

Moody warf einen Seitenblick auf die kluge, kleine Frau neben ihm. Es war ihm klar, daß sie weder mit ihm noch mit ihrem Lieblingsprojekt fertig war. Er lächelte vor sich hin und freute sich über ihren zähen Willen. Dann beugte er sich aus dem Fenster der Kutsche und erinnerte sich an einen jungen Burschen, der vor vielen Jahren mit der gleichen Entschlossenheit Schuhe verkaufte – auf der gleichen Straße, durch die sie eben fuhren.

Von Chikago aus fuhr er nach Süden. Im Winter 1885/86 war Moody soviel unterwegs wie in den Jahren zuvor. Zuerst predigte er im Süden, dann fuhr er zurück in den Norden und hielt dort Versammlungen, anschließend fuhr er wieder nach Chikago und predigte dort vier Monate lang.

Sechs Abende pro Woche füllte er die Kirchen, die neue Farwell Hall und das größte Rollschuh-Stadion der Stadt. „Sie kommen alle, um den verrückten Moody zu hören, der das Wort Jerusalem immer noch nicht deutlich aussprechen kann!" sagte er lachend zu seiner Frau. *Die Welt muß noch sehen, was Gott durch einen einzigen Menschen tun kann, der sich ihm vorbehaltlos ausgeliefert hat.*

Daran dachte er am 22. Januar 1886, vor seiner Predigt. Er kannte jetzt die Macht seiner Worte. Vor knapp sechs Monaten hatte er Emeline Dryer und ihren Freunden die Summe von $ 250.000,– genannt. Inzwischen waren sie gekommen und hatten voller Freude erklärt: „Wir haben die Summe aufgebracht. Nun erwarten wir Ihre Hilfe!"

Mit diesen Gedanken betrat er die überfüllte Kirche. In seiner Botschaft erklärte er: „Die Pfarrer stehen auf der Kanzel, und das Fußvolk sitzt dort unten. Zwischen ihnen liegt eine breite Kluft. Nun gibt es aber nicht genug Prediger, um alle Aufgaben, die in einer Gemeinde anfallen, zu erledigen. Was können wir da tun? Wir brauchen ‚Lückenbüßer', Mittelsmänner, die zwischen dem Pfarrer und der Gemeinde stehen. Und wer sind diese Mittelsmänner? Ganz gewöhnliche Leute wie Sie und ich."

Hier hakte Emeline ein. „Sie sagten, die Kirche brauche Mittelsmänner. Wenn wir unsere Bibelklassen organisieren, dann haben wir Mittelsmänner. Solche Leute wollen wir in unserer Schule heranbilden."

Moody hörte aufmerksam zu, weil ja jetzt das nötige finanzielle Polster vorhanden war. Er versprach zwar nichts Genaues, denn seine Gedanken und sein Interesse gehörten seiner wichtigsten Aufgabe, dem Predigtdienst in Chikago. Er legte Emelines Schule vorläufig aufs Eis und hielt vier Monate lang seine Versammlungen.

„Gott hat uns in diesen vier Monaten gesegnet. Es tut mir sehr leid, daß wir den Feldzug jetzt abschließen müssen. Doch ihr müßt weitermachen!", ermahnte der Evangelist seine Zuhörer. „Ihr habt dafür gesorgt, daß die Leute in der Stadt von Jesus Christus sprechen. Laßt das Feuer nicht verlöschen. In diesen letzten Minuten lege ich euch diese Bitte ans Herz. Wollt ihr die Arbeit fortführen, wenn ich weg bin?"

Wie immer wurden die Zuhörer von seinem Schwung mitgerissen. Aus den hintersten Reihen rief eine Stimme: „Ja, amen, das wollen wir!"

Moody jubelte. „Ich habe eine Antwort bekommen! Preis dem Herrn! Ganz richtig, von dort hinten. Wie wollt ihr weiterführen, was in den letzten Monaten begonnen hat?"

Jemand stand auf. „Wir mieten ein großes Zelt. Halten den Sommer hindurch Versammlungen."

Moody klopfte auf die Kanzel. „Das ist ein Mann nach meinem Herzen! Ein großes Zelt mieten, jawohl! Ganz recht, mein Freund, tun Sie das!" Die Zuhörer lächelten ein wenig gezwungen. „Und hier sind die ersten hundert Dollar für die Miete, hier neben der Bibel. Das ist mein Beitrag."

Bevor Moody die Stadt verließ, hörte er von den Zukunftsplänen der Gläubigen. Sie wollten ein Zelt mieten und einen oder mehrere Evangelisten bitten, die Verkündigung zu übernehmen. Sie würden alles so organisieren, wie Moody seine Feldzüge organisierte. Seelsorgeräume und Sellsorgehelfer sollten zur Verfügung stehen. Die Helfer sollten Laien sein – aber geschulte Laien.

Die Frage, wo man sie ausbilden wollte, war gelöst. Alles fügte sich ineinander zu einem einzigen großen Mosaik. Die geschulten Laien würden die Männer und Frauen sein, die die Bibelklassen in den verlotterten Häusern besucht hatten.

Der nächste Schritt lag auf der Hand. Die Vereinigung der Bibelklassen war geboren und erhielt den Namen „Chikagoer Evangelisationsgesellschaft". Moody ließ den Namen über seine Zunge rollen. Es klang so solid wie der Name einer alten Firma und zeugte von ihrem Glauben. So gab er seinen Segen zur Zusammenfassung der Bibelklassen, die über die ganze Stadt verstreut gewesen waren.

Er fuhr zurück in den Osten und erhielt regelmäßig Nachrichten, daß die neue Organisation ihren Zweck erfüllte. Im Frühling 1887 rief er die Studenten für einige Tage intensiven Studiums zusammen. Auch im Frühling 1888 veranstaltete er ein mehrtägiges Bibelseminar.

1889 wurde Moody eingeladen, das jährliche Frühlingsseminar der Chikagoer Evangelisationsgesellschaft zu leiten. Die Anmeldungen waren sechsmal höher als er erwartet hatte.

„Ich freue mich riesig über diese Entwicklung!" erklärte er. „Dieser Erfolg ändert meine Ansicht über das Unternehmen gewaltig, das muß ich zugeben."

Endlich war er überzeugt davon, daß eine Ausbildungsstätte für kirchliche Mitabeiter Zukunft hatte. „Das bedeutet", spöttelte er bei den Leitern der Evangelisationsgesellschaft, „daß ich voll dahinterstehen kann – mit meinen sämtlichen 280 Pfund Lebendgewicht!"

Am nächsten Tag ging er mit Emeline Dryer zur Avenue Church und sah sich die Gegend um die Kirche herum genau an. Besondere Aufmerksamkeit galt dem Gebäude, das ihm Emeline damals, im Jahre 1876, als Ziegelhaufen beschrieben hatte. „Emeline, du hast das Haus hier eine Bruchbude genannt. Diese Bezeichnung ist noch viel zu gut! Aber eines Tages wird diese Liegenschaft wertvoll sein."

„Was raten Sie uns, Herr Moody?"

„Kaufen! Kauft das Haus – und zwar schnell und günstig. Man hat $ 55.000,– dafür verlangt. Greif zu! Und jetzt, komm mit um die Ecke, dann sehen wir uns noch die Häuser an der LaSalle-Straße an."

Dort auf der Straße betete Moody, daß Gott ihn recht leiten möge. Diese Leute hatten so lange und geduldig auf seinen Rat gewartet, hatten ihr ganzes Vertrauen in ihn gesetzt. Nun hatte er seinen Rat gegeben, stand hier an der Straßenecke und sagte: Kauft dieses, kauft jenes Haus.

Er wußte genau, daß es mit dem Rat allein nicht getan war. Und lange bevor irgend jemand daran dachte, hatte er einen Namen für den Komplex gefunden. „Moody-Institut" murmelte er vor sich hin. Das klang gut. Vor Jahren war er durch diesselben Straßen gelaufen und hatte davon geträumt, daß sein Name in großen Lettern auf einem dieser Gebäude stehen würde. Auf einer Fabrik oder einem Kaufhaus. Aber auf einer Schule?

Na, sie sollten die Schule taufen wie sie wollten. Er wußte ja, daß er der Urheber war – genauso wie bei den zwei anderen im Tal des Connecticut River. Schon jetzt räumte er der neuen Schule einen weiten Raum in seinem Herzen ein. Er freute sich über die jungen Männer und Frauen, die kommen würden, weil sie mehr über Gottes Wort wissen und lernen wollten, wie man die Frohe Botschaft anderen weitergibt.

Dies war die Stadt, wo er atmen konnte, die ihm erlaubt hatte, sich zu entfalten und zu wachsen. Nun war er imstande, ihr etwas zurückzugeben.

Moody drehte sich um und schaute in das markante, strahlende Gesicht Emeline Dryers. „Na? Zufrieden?“ fragte er leichthin. „Sieht aus, als ob du nun endlich doch zu deiner Schule kämst!“

Monate später dachte er an jenen Frühlingstag in Chikago zurück und schrieb an einen guten Freund in Schottland: „Ich spüre, daß ich mich jetzt zurückziehen sollte. Die Arbeit wird weitergehen. Ich werde immer an dieses Jahr zurückdenken – an das Jahr, in dem ich den Gipfel des Berges erklommen hatte.“

18

Dr. Andrew Clarke beobachtete seinen Patienten aufmerksam, als er seine Weste anzog und den Krawattenknopf zurechtrückte. Der britische Herzspezialist verwirrte Dwight L. Moody. Seine Finger beschäftigten sich mit den Knöpfen der Weste. Das Schlimmste an dieser Konsultation waren die dummen Knöpfe, die er kaum mehr zumachen konnte. Tja, eigentlich sollte er sich über die paar zusätzlichen Kilo nicht beklagen. Sie mußten ja ein gutes Zeichen sein. Nichts konnte schiefgehen – er war gesund und stark wie ein Bär.

Mit diesen Gedanken setzte er sich neben den Schreibtisch des Arztes. „So. Ich dachte gerade, das schlimmste an dieser Untersuchung ist die Rechnung – und das Anziehen meiner Jacke!" sagte Moody lachend.

Dr. Clarke trommelte nervös auf seinen Schreibtisch. Er sah nicht auf. „Herr Moody, ich habe Ihr Herz gründlich untersucht. Ich kann nur eines sagen –" dabei blickte er dem Patienten voll ins Gesicht. „Sie haben Ihr Herz viel zu sehr strapaziert."

Minutenlang hörte man nichts als das Ticken der Uhr, die hinter dem Arzt an der Wand hing.

Sie tickte so laut und schnell wie ein überanstrengtes Herz und übertönte jeden vernünftigen Gedanken. Moody versuchte, die Diagnose des Arztes irgendwie einzuordnen. Hatte der Mann recht? Was bedeutete das für ihn? Sein Tempo reduzieren? Daran hatte er noch nie im Leben gedacht.

Die drei Jahre seit dem Entstehen des Bibelinstituts in Chikago waren voll ausgefüllt gewesen – eine dritte Evangelisationsreise durch Großbritannien, eine Rundreise durch Palästina, 1892 zurück nach Großbritannien und Irland. Diese letzte Reise hatte nun ihr Ende in einem sterilen weißen Londoner Sprechzimmer gefunden, bei einem Arzt, der die Luft mit Schwermutsbazillen verseuchte.

Moody hatte nicht die Absicht, das Tempo, das er seit seinem zwanzigsten Lebensjahr eingehalten hatte, zu verringern. „Unsinn, Doktor!" rief er. „Ein Bärenlümmel wie ich! Ich frage Sie, was um alles in der Welt hab ich denn angestellt, daß mein Herz sich so ungebührlich benimmt?"

„Herr Moody, wie oft predigen Sie eigentlich am Tag?"

Der Patient faltete die Hände über seinem Bauch. „Gewöhnlich dreimal."

„Wieviele Tage pro Woche?"

„Fünf. Warum?"

Dr. Andrew Clarke nahm die Feder zur Hand, zog ein Blatt heran, als wolle er etwas notieren, schob es beiseite und sagte schließlich: „Herr Moody, Sie sind ein Narr. Was Sie Ihrem Herzen angetan haben? Sie haben nicht nur gepredigt. Sie haben viele Nächte auf Reisen in einer Kutsche verbracht. Sie haben die Mahlzeiten hastig hinuntergewürgt, um rechtzeitig in den Versammlungen zu sein. Sie haben bis Mitternacht den Leuten die Hände geschüttelt. Morgens sind Sie aus dem Bett gesprungen, um den Sieben-Uhr-Zug noch zu erreichen. Sie sind kein junger Bursche mehr, Herr Moody! Sie sind fünfundfünfzig. Wenn Sie Ihr Tempo nicht mäßigen, bringen Sie sich um."

Moodys Hände verkrampften sich, aber er versuchte leichthin zu sagen: „Wollen Sie mir weismachen, daß das Predigen mein Herz anstrengt? Ha! Im übrigen, Doktor – ich nehme mir jeden Samstag frei."

„Nun, Herr Moody – ich möchte Sie ernsthaft warnen –"

Moody zuckte die Achseln. „Mhm. Sie wollen mich warnen? Klingt wirklich eindrucksvoll." Seine Spannung verwandelte sich in Ärger. „Wollen Sie mich einschüchtern? Auf Sparflamme setzen?" Der Teufel selbst konnte nicht boshafter flüstern. Doch plötzlich lenkte er ein. „Doktor, wieviele Arbeitstage hat Ihre Woche? Und wieviele Stunden jeder Tag? Zehn, zwölf, sechzehn?"

„Wie bitte? – äh – sechzehn oder siebzehn, je nachdem." Darauf war der Arzt nicht gefaßt gewesen.

„Nehmen Sie einen Tag frei?"

„Tja, wissen Sie, da gibt's oft so viel zu tun –"

„Aha. Sechzehn Stunden, sieben Tage pro Woche." Moody lehnte sich in seinem Stuhl zurück und betrachtete lächelnd die weiße Wand hinter dem Kopf des Arztes.

„Nun, Herr Moody?"

Er lachte. „Dr. Clarke, Sie sind ein noch größerer Narr als ich. Soll ich Ihnen was sagen? Ihr Herz wird vor dem meinen streiken."

Auf dem Heimweg kicherte er vor sich hin. War doch gut, was er dem Doktor da zuletzt gesagt hatte. Aber unter dem Kichern lauerte die Angst. Emma hatte sich schon nach den USA eingeschifft. Sie würde von der Untersuchung nichts erfahren und sich daher auch keine Sorgen machen. Er würde sein Tempo nicht mäßigen. Andererseits würde er Emmas Bitten auf die Dauer nicht widerstehen können. Als er durch die nebligen Londoner Straßen marschierte, fragte er sich, ob er diesmal seinem gesunden Menschenverstand folgen sollte.

Im Herbst hielt er die letzten Versammlungen. Es war November 1892, als er auf dem deutschen Liniendampfer „Spree“ die Überfahrt nach den Vereinigten Staaten buchte. Sein Sohn Will, damals zweiundzwanzig, war in England geblieben, um jetzt mit dem Vater heimzufahren.

Wie gewöhnlich wurde Moody seekrank, sobald das Schiff den Liverpooler Hafen verließ. Er war ohne weiteres imstande gewesen, die Sorgen wegen seiner Herzbeschwerden zu vergessen, aber die Seekrankheit besiegte ihn. „Will, mein Junge, sei so nett und hör auf zu kauen –“ er stöhnte und versuchte, sich in der engen Koje auf die andere Seite zu drehen „– an diesem rosaroten Zuckerzeug.“

Will sah von seinem Buch auf und entgegnete, mit vollen Backen kauend: „Das? Aber Daddy, du weißt doch, daß wir noch etwa sechs Schachteln voll davon haben. Das Londoner Komitee hat sie uns doch an Bord gebracht!“

Sein Vater seufzte: „Ich will nie mehr Zuckerzeug sehen. Noch das Londoner Komitee. Nie mehr!“

Will zuckte die Achseln und wandte sich wieder seiner Lektüre zu. Der Vater jammerte vor sich hin. Plötzlich krachte es irgendwo – ähnlich wie damals, als die Dächer der brennenden Häuser in Chikago einstürzten. Nach dem Krach herrschte Totenstille. Die Maschinen standen still. Das Schlingern des Schiffes hatte aufgehört.

Will riß die Kabinentür auf. Draußen rannten Leute umher. Ein Mann rief: „Wasser!“ Eine Frau kreischte – und hinter allem das beängstigende Schweigen der Schiffsmotoren.

„Bleib liegen, Papa! Ich seh mal nach an Deck.“

„Natürlich bleib ich hier.“ Moody schwang seine schlotternden Beine über den Bettrand.

Atemlos kam Will zurück. „Papa, du mußt sofort aufstehen! Alle Passagiere müssen an Deck!“

Moody hievte seine zweihundertachtzig Pfund stöhnend vom Bett. Er war zu krank, um sich Gedanken zu machen. „Das ist das erste Mal, daß ich ein Schiffsdeck auf See sehe“, brummte er. „Gib mir die Schuhe, Will!“

Will stand schon in der Tür. „Beeil dich, Vater!“

Als sie das Deck erreichten, war dort schon eine riesige Menschenmenge versammelt. Panische Angst hatte sie erfaßt. Eine junge Frau lächelte geistesabwesend und stand da mit einem halben Dutzend heller Hüte. Väter erklärten ihren Frauen und Kindern überlaut und mutig, was passiert war. Fast unmerklich drängten die meisten in die Richtung, in der die Rettungsboote hingen – als ob sie alleine wüßten, daß dort die Rettungsboote waren.

Die Leute hielten sich erstaunlich ruhig. Jedermann horchte hoffnungsvoll nach dem Maschinenlärm. Als der Kapitän mit dem Megaphon in der Hand erschien, hielt alles den Atem an.

Trotz des Lautsprechers wurde der Bericht des nervösen Kapitäns vom Wind auf die See hinausgetragen. „... Unfall im Maschinenraum. Antriebswelle gebrochen ... Leck an der Außenseite ... drei vordere Schotts geschlossen, um weiteren Wassereinbruch zu verhindern ...“ Eine Frau schrie laut auf. „... Maschinen nutzlos. Dies sind ... Mitteilungen. Gehen Sie bitte alle in den Salon. Warten Sie dort, bis man sie an Deck ruft. Hilfe in ... Stunden. Ich wiederhole: Gehen Sie ...“

Um zehn Uhr abends saßen sie immer noch im Salon. Die Spannung hatte einer gewissen Erschöpfung Platz gemacht. Einige Passagiere liefen ziellos hin und her. Die meisten unterhielten sich gedämpft miteinander. Traurig stellte Moody fest, daß er von der Seekrankheit geheilt war. Seit die Maschinen ausgefallen waren, hatte er sie glatt vergessen.

Draußen zischte eine Rakete hoch. Dann eine zweite.

„Die sollen Hilfe herbeiholen“, erklärte der Vater.

Will entgegnete: „Papa, der Boden – wird er nicht schräger?“

Moody nickte leicht. „Ja, ich glaube, du hast recht.“ Das Heck des Schiffes senkte sich, und der Bug war im Begriff, es den Raketen gleichzutun.

Dreihundert Menschen verbrachten die Nacht in dem großen, zugigen Salon. Das Schiff schlingerte und rollte. Moody erinnerte sich an andere Überfahrten und war überzeugt davon, daß sie die übliche Route der großen Dampfer längst verlassen hatten. Wer würde ihr Signal sehen?

Am folgenden Morgen – einem Sonntag – hatte das Schiff schwere Schlagseite. Moody beobachtete die Männer und Frauen, die da auf dem Boden lagen und langsam erwachten. Er verstand sich so gut auf Menschenmassen. Er wußte, daß die momentane Teilnahmslosigkeit binnen weniger Augenblicke in Raserei umschlagen konnte. Aber er war in der Lage, eine andere Stimmung zu erzeugen. Er könnte seinen Einfluß mit ein paar lebhaften Melodien geltend machen. Dann könnte er mit ein paar Worten aus der Schrift den Leuten Trost und Hoffnung vermitteln.

Der Kapitän gab seine Zustimmung. Moody band sich an einem Schiffspfeiler fest und las aus der Bibel so gelassen, als ob er Sonntagsschule in der Markthalle hielte. Die Leute setzten sich zurecht und drehten sich um, so daß sie ihn sehen konnten.

Ein deutscher Passagier erbot sich, für die nicht englisch sprechenden Zuhörer zu übersetzen. „Er wird seinen Engeln über dir befehlen, daß sie dich behüten auf all deinen Wegen."

Anschließend sprach er über den Tod. Mit einfachen Worten erklärte er, was Sterben für den Christen bedeutet und für den, der Jesus nicht kennt.

„Und nun wollen wir miteinander singen. Wir nehmen ein paar alte Lieder, zu denen man den Takt schlagen kann. Kennt jemand das Lied: ‚Es ist Kraft, wunderbare Kraft, in dem Blute des Lammes allein'? Die beiden Damen dort drüben? Gut! Ich kann es auch. Und mein Sohn. Das ist schon ein Quartett. Wir wollen es die anderen lehren. Fein – laßt uns alle singen!"

Der Sonntag ging vorüber, und die Menschen auf dem Schiff warteten immer noch. Zusammengekrümmt auf dem Boden des Salons mußte Moody der schrecklichen Wahrheit ins Gesicht sehen, daß dies vermutlich seine letzte Nacht sein würde. Das Schiff trieb nun schon über sechsunddreißig Stunden auf dem Wasser. Viel länger würde es sich nicht mehr halten können.

„O Gott, ich muß so viel zurücklassen. Emma, die Kinder! Meine Schulen! O Gott, ich bin zu sehr Mensch, um den Tod herbeizuwünschen. Mein Leben war gut, weil ich es dir gegeben habe. So konnte die Welt erkennen, was du mit einem einzigen Mann tun kannst –" Während das Schiff schlingerte und der Gestank von verschüttetem Kaffee, Schweiß und kranken Kindern den Salon erfüllte, drängte er den Aufruhr in seinem Inneren zurück. Endlich konnte er beten: „In Ordnung, Gott. Nicht mein Wille – dein Wille soll geschehen."

Dann lehnte er sich gegen den Pfeiler. Northfield oder Chikago oder der Himmel? Was machte das schließlich für einen Unterschied? Seine Gedanken gingen nach Chikago, zu seinen Schulen und zu der großen Weltausstellung, die dort für 1893 geplant war. Wieder betete er: „Herr, ich glaube zwar nicht, daß man mit dir einen Handel abschließen kann. Aber wenn ich je wieder meinen Fuß auf trockenes Land setzen sollte, dann will ich nicht mehr daran denken, mein Tempo zu mindern. Ich will mein Äußerstes für dich einsetzen. Ich will das tun, wovon ich schon in England träumte. Ich will auf der Weltausstellung in Chikago predigen – wenn ich je wieder Land zu Gesicht bekomme."

Er schlief ein. Um drei Uhr weckte ihn der Ruf: „Achtung, Passagiere! Alle Passagiere an Deck! Hilfe in Sicht!"

Alle sprangen gleichzeitig auf. Die Leute rutschten und schlitterten über den schrägen Boden, lachten und scherzten miteinander. Verschlafen suchten er und Will das Deck auf. Die „Lake Huron", ein amerikanischer Dampfer, hatte die Raketen gesehen und drehte auf sie zu.

Aber die Freude verwandelte sich bald wieder in Angst und Schrecken. Die See war aufgewühlt. Dreimal flogen Taue durch die Luft, erreichten ihr Ziel nicht, baumelten über dem Gischt. Man mußte das Rettungsmanöver abbrechen.

„Achtung, Passagiere! Keine Panik! Wir versuchen es in drei Stunden noch einmal."

„Was sollen wir tun, Dad?" fragte Will besorgt.

„Du hast doch den Kapitän gehört. Geh und schlaf weiter!"

„Wenn wir nur irgend etwas tun könnten –"

„Du kannst was tun. Du kannst um ruhige See beten. Ich glaube, das ist alles, was wir jetzt tun können."

Im Morgengrauen weckte sie der Ruf des Kapitäns. Als Moody seine schmerzenden Glieder ausstreckte, wußte er, daß sein Gebet erhört worden war. Das Schiff trieb auf spiegelglatter See. An Deck sah er die helle Sonne auf grauem Glas blinken. Das Schlepptau war bereits befestigt.

Sie fuhren zurück nach Queenstown. Als die grauen Fluten unter ihnen vorüberzogen, rief sich Moody die letzte Nacht ins Gedächtnis zurück. Er war zu sehr Mensch, um sterben zu wollen. Die Welt mußte noch sehen, was Gott durch einen Mann tun konnte, der sich ihm restlos ausgeliefert hatte. D.L. Moody fuhr nach den Vereinigten Staaten zurück, bereit, sich von Gott für jede Aufgabe brauchen zu lassen.

19

Sein geliebtes Chikago war über Nacht verrückt geworden. Die Weltausstellung hatte begonnen – eine immense, lärmende Schau, ein Schreien und Schwitzen während des ganzen heißen Sommers des Jahres 1893. Zelte, Schaubuden, Ausstellungshallen und leichtgebaute Hotels schossen wie Pilze aus dem Boden. Auf dem Rummelplatz leuchteten die verschiedensten Plakate, es roch nach schlecht gekochten Nahrungsmitteln, dazu ertönte die laute Musik einer Band. Eine Million Chikagoer erwarteten Besucher aus den gesamten Vereinigten Staaten.

Moody war der ganze Rummel zwar zuwider, aber er verstand ihn. Jahrmarkt bedeutete Menschenmassen, und Menschenmassen hatten es ihm angetan. Die lauten, rohen Zirkusbesucher, die sich in den Straßen Chikagos drängten, stießen ihn nicht ab. Das waren genau die Leute, die er mit der Botschaft des Evangeliums erreichen wollte, und er wußte genau, wie er es anstellen mußte.

„Vergeßt nicht die Galavorstellung am nächsten Sonntagnachmittag, Freunde! Es wird die größte und sensationellste Vorstellung, die Sie jemals gesehen haben. Kommt herein, kommt alle! Lassen Sie sich die größte Sensation Ihres Lebens nicht entgehen! Ja, meine Herrschaften, hereinspaziert, alle miteinander! Herrrein, meine Herrschaften!“

Der Ausrufer sprang von seinem Podest. Moody ging auf ihn zu.

„Sind Sie der Manager dieses Unternehmens?“

Der Schreihals schlang ein Seil um seinen Körper. „Was wollen Sie denn?“

„Herr, Sie haben das größte, beste und attraktivste Zelt in der ganzen Stadt.“ Nun schenkte ihm der Manager seine ganze Aufmerksamkeit und ein breites Lächeln.

„Haben Sie am Sonntagmorgen auch eine Vorstellung hier?“ erkundigte sich Moody.

„Was ist denn los mit dir, Papachen? Sind zwei Vorstellungen an einem Sonntag nicht genug für dich?“

„Ich schlage Ihnen ein Geschäft vor“, entgegnete Moody. „Ich möchte Ihr schönes Zelt am Sonntagvormittag mieten.“

Der Manager zog das Seil hoch. „Haben Sie einen eigenen Flohzirkus? Wollen vermutlich von meinem guten Namen profitieren, was?“

Moody ging neben ihm her. „Keine Konkurrenz, nein. Ich möchte Ihr Zelt für einen Gottesdienst mieten.“

„Sapperlot!“

„Tja, Sie wissen wahrscheinlich nicht, wer ich bin. Ich bin D.L. Moody.“

Er berichtete dem erstaunten Zirkusmann, daß dies zu seiner Arbeit gehöre. Er hielte überall Versammlungen, wo Rummelplatzbesucher anzutreffen sind. Ob er schon von den Versammlungen im Heumarkt-Theater gehört habe? Das Theater war am ersten Abend gepackt voll gewesen. Neun andere Theater und Säle waren für Gottesdienste gemietet worden und füllten sich regelmäßig mit interessierten Zuhörern. Fünf Evangeliumszelte waren in der Stadt aufgestellt worden, und zwei Lastwagen fuhren durch die Straßen. Die Fahrer verteilten Traktate und hielten Straßenversammlungen. Außerdem hatte er vierzig Prediger mitgebracht, einige von ihnen kamen sogar aus England. An Predigern fehlte es nicht. Auch Helfer hatte er genug. Die Studenten des neuen Bibelinstitutes machten alles – vom Kellnerdienst bis zur Seelsorgehilfe.

„Wenn ich mich hier umsehe, muß ich sagen, daß Ihr Zelt wohl das bekannteste in der ganzen Stadt ist", schloß Moody seine Erklärungen. „Deshalb möchte ich es mir für die Sonntagsgottesdienste ausborgen."

„Danke für das Kompliment!" erwiderte der Manager. „Und auch für Ihre Erklärungen. Aber ich bin nicht interessiert an einer Zusammenarbeit mit Ihnen."

„Aber mein Herr –"

„Mich interessiert etwas anders. Zahlen Sie?"

„Natürlich."

„In Ordnung. Wenn wir uns diesbezüglich einig werden, können Sie vielleicht mein Zelt haben."

Am Nachmittag besuchte Moody die Vorstellung, um das Zelt eingehend besichtigen zu können. Es faßte etwa zehntausend Personen. Von der Decke hingen Seile und Trapeze. Es roch nach Stall. Moody schnupperte. Elefanten. Aber es faßte zehntausend Personen.

Als er das Zelt verließ, sah er, wie der Zirkusmanager mit einem Arbeiter sprach. Die beiden lachten, und Moody wußte, weshalb. „Wer wird denn schon an einem Sonntagmorgen in einem Zirkuszelt zur Predigt kommen?"

Am anderen Morgen entdeckte er die Plakate. „Ha! Ha! Ha! Drei große Vorstellungen: Moody am Morgen, Forepaugh am Nachmittag und am Abend!"

Aber es wurde keine Vorstellung daraus. Es wurde ein Predigtgottesdienst. Zuerst sangen die Leute aus Leibeskräften, um die Ausdünstung der Elefanten und das rosa Kreppapier zu vergessen. Als Moody am ersten Sonntag predigte, war das Zelt voll besetzt. Am zweiten Sonntag desgleichen. Als er dann hörte, wie die Vorstellung an jenem Sonntagnachmittag besucht war, konnte er sich den Zorn des Managers lebhaft vorstellen.

„Alles wegen diesem Kerl, dem Moody!" hatte er vermutlich gezetert.

„Wieso denn?"

„Keine Ahnung. Ich weiß nur, daß das Zelt am Morgen gerammelt voll war, und jetzt, am Nachmittag, ist es nicht einmal zur Hälfte besetzt."

Moody tat der Manager leid. Ja, er hatte die Show übertreffen wollen. Er hatte eine Menge Leute haben wollen, die das Evangelium hören sollten. Er hatte das Zelt nicht gemietet, um den Schausteller brotlos zu machen. Doch als er ihn das nächste Mal traf, war er nicht vorbereitet auf dessen Groll.

„Moody, wenn Ihre Show eingeschlagen hat, muß ich es eben hinnehmen. Ihre Sonntagsshow ist attraktiver als meine. Ich geb' mich geschlagen."

Moody versuchte, die Sache auf die leichte Schulter zu nehmen. „Der Fettwanst vom Morgen ist ein besseres Zugpferd als der Fettwanst von Forepaugh, hm?"

„Sie sind wirklich ein Zugpferd!" gestand der Manager. „Seit einem Vierteljahrhundert bin ich auf dem Rummelplatz – aber nie im Leben hätte ich gedacht, daß so etwas möglich ist! Ein Zirkuszelt, vollgestopft mit Leuten, die himmlische Lieder singen und zuhören, wie ihnen das höllische Feuer gepredigt wird." Er packte Moody beim Rockaufschlag. „Hören Sie, Moody, ich mach' Ihnen einen Vorschlag. Wie wär's, wenn Sie in meiner Show mitmachen würden?"

„Wie bitte?"

„Ich hab eine phantastische Idee! Wenn wir nächstens wieder unterwegs sind, könnten wir den Sonntag für die Religion freihalten. Nein, nein, Sie haben mich nicht bekehrt, Moody. Noch lange nicht. Aber vielleicht klappt's besser, wenn Sie und ich oder einer Ihrer Prediger gemeinsame Sache machten nach dem Motto: ‚Wenn du den Feind nicht schlagen kannst, verbünde dich mit ihm!'"

Moody erklärte ihm, daß dies leider nicht in Frage käme. Aber er war geschmeichelt. „‚Wenn du den Feind nicht schlagen kannst, verbünde dich mit ihm.' Soso. Gut – ein Kompliment, das ein Budenmann dem anderen macht – danke!"

Er hatte das Versprechengehalten, das er Gott auf dem sinkenden Schiff gegeben hatte. Er hatte das Schwerste getan, das man sich denken konnte: das Evangelium auf dem Chikagoer Rummelplatz gepredigt und, auf seine Art, die Konkurrenz besiegt. Das aber war nur möglich gewesen, weil er alles für Gott getan hatte und mit Seiner Kraft, nicht seiner eigenen.

Im Herbst brachen die Budenbesitzer ihre Zelte ab. Moody arbeitete weiter. In seinen drei Schulen, in der Avenue Church und in der Durchführung seiner Evangelisationen. Im Jahre 1894 predigte er in Washington, Toronto, Birmingham, Scranton und einem halben Dutzend anderer Städte in den USA und Kanada.

1895 sprach er in Boston, Worcester, New York City und Philadelphia. 1897 war er rastloser denn je. Er jagte von Cincinnati nach Chikago und weiter nach Winnipeg. Gelegentlich, wenn er auf einen Zug wartete, kam ihm die Warnung des englischen Herzspezialisten in den Sinn. Aber er versuchte, möglichst nicht daran zu denken.

Im Jahre 1898 brach der spanisch-amerikanische Krieg aus. Moody war beauftragt worden, eine Gruppe von CVJM-Leuten für den Seelsorgedienst an der Front zu organisieren. Als er seine Tätigkeit am Schreibtisch aufnahm, dachte er voll Wehmut an jenen anderen Krieg vor 30 Jahren, an dem er als Feldprediger teilgenommen hatte.

1899 reiste er nach Kalifornien, predigte in Santa Barbara, Los Angeles, Phoenix, San Diego. Dann endlich kehrte er nach Northfield zurück. Dort lebte Emma bei Will und dessen Familie. Auch die junge Emma und ihr Mann wohnten in Northfield. Percy Arthur Fitt war nicht nur Moodys Schwiegersohn, sondern seine rechte Hand, seit sich die beiden vor sieben Jahren in Dublin kennengelernt hatten.

Kaum war Moody auf der Farm angekommen, hatte er Arbeit für seinen Schwiegersohn. „Stimmt Junge, ich hab' Kansas City gesagt. Sie haben mich eingeladen. Ich möchte, daß du hinfährst und dich zunächst mal dort umsiehst."

Der Schwiegersohn war ganz und gar nicht begeistert. „Vater, du brauchst unbedingt eine Ruhepause. Bleib doch über Weihnachten in Northfield!"

„Du hast mir nicht zugehört! Die Leute in Kansas City haben mich eingeladen, bei ihnen Versammlungen zu halten." Vielleicht wollte Percy einfach bei seiner Frau und dem Baby bleiben.

„Vater, D.L. Moody ist nicht mehr der gleiche Moody, der vor fünfundzwanzig Jahren im Hippodrom predigte."

„Dummes Zeug – ich bin fit wie immer. Bin erst zweiundsechzig."

„Alt genug, um auf den Doktor zu hören."

„Ach, die Ärzte!" Dieser Junge wollte ihm einreden, daß er nicht mehr der gleiche sei wie früher. Nun, vielleicht hatte er sogar recht. Aber Gott war der gleiche Gott. Scharf entgegnete er seinem

Schwiegersohn: „Du gehst jetzt am besten zu deiner Frau. Emma wird packen wollen, wenn du übers Wochenende wegfährst."

Der Schwiegersohn fuhr nach Kansas City. Als er von dort zurückkam, merkte Moody sofort, daß etwas nicht stimmte.

„Es ist der Saal", erklärte ihm Percy am anderen Morgen beim Frühstück.

„Zu klein?"

„Zu groß!"

„Zu groß!" Moody spießte den dritten Pflaumenkuchen auf. „Ich hab noch nie einen Saal gesehen, der zu groß ist."

„Sie sagen es aber. Er ist für Kansas überhaupt zu groß. Ich habe gehört, der einzige Mann, der ihn je zu füllen vermochte, war William Jennings Bryan. Und er hat sich dabei beinahe kaputtgemacht." Percy wandte sich an Emma, die mit dem Sirup hantierte. „Mutter, ich will nicht, daß Vater dorthin geht. Dieser Saal bringt den Redner um!"

Zehn Minuten lang versuchten sie es mit Vorwürfen und Schmeichelworten, aber nichts fruchtete. Schließlich erklärte Moody: „Ob ich die Halle dort fülle oder nicht, spielt gar keine Rolle. Das einzige, was für mich ausschlaggebend ist, daß Gott von mir verlangt, dort zu predigen. Ich gehe. Denkt nicht an mein Herz. Vergeßt den Arzt. Vergeßt mein Alter! Ich fahre nach Kansas City."

Anfang November verließ er Northfield. Die Eisenbahnfahrt ermüdete ihn. Nicht einmal die Unterbrechung in Philadelphia, wo er seinen alten Freund John Wanamaker traf, verscheuchte die Müdigkeit. In Kansas City fühlte er – noch bevor er die erste Versammlung hinter sich hatte – daß er sich mehr verausgabte als je zuvor. Es war ihm zumute, als müßte er eine schwere Kugel den Berg hinaus stoßen. Aber die Leute strömten zu den Versammlungen.

Am fünften Abend trommelte er auf die Kanzel und rief: „Es ist herrlich, ein volles Haus vor sich zu sehen. Gott segne Sie alle! Man sagte mir, ich könnte die große Aula nicht füllen, und ich muß den Leuten recht geben. Ich konnte es nicht. Aber Gott konnte es! Man sagte mir, ich könnte mit meiner Stimme die Leute in den hintersten Reihen der Galerie nicht erreichen, und ich erklärte, daß ich mir darüber keine Sorgen mache. Gott könnte euch erreichen! Heute ist der fünfte Abend, und ihr seid alle noch hier. Das Haus ist heute abend wieder voll besetzt. Gott segne euch!"

Zwei Wochen später war alles anders. Moody wurde in einem Extra-Schlafwagen von Kansas City nach Hause gebracht. Emma pflegte ihn liebevoll im oberen Schlafzimmer der Northfield Farm. Am Nachmittag des 22. Dezember 1899 sagte er: „Gott ruft mich. Kein Schmerz. Kein Tal. Es ist herrlich." Die ganze Familie war um ihn versammelt und wartete.

Eine halbe Stunde später ging ein Zucken durch seinen mächtigen Körper. „Setzt mich in den Lehnstuhl. Ich glaube, daß Gott noch ein Wunder tun wird."

Aber er irrte sich. Das Wunder war bereits geschehen. Es war geschehen, weil der Bauernjunge aus Northfield sich entschlossen hatte, nicht mehr sein eigenes Glück zu suchen. Es war geschehen, weil er alles – seine Energie, seine Geschäftstüchtigkeit, seine Überzeugungskraft, ja, selbst seine mangelnde Schulbildung Gott ausgeliefert hatte. Das Wunder war geschehen, als der ehemalige Schuhverkäufer sich eines Tages die Worte zu Herzen nahm: *„Die Welt muß noch sehen, was Gott durch einen einzigen Menschen tun kann, der sich ihm vorbehaltlos zur Verfügung gestellt hat."*

Andrew Murray
Schule des Gehorsams

In acht Kapiteln zeigt der Klassiker des Glaubens und der seelsorgerischen Verkündigung, in welcher Weise Gott Gehorsam fordert und wie er selbst durch Jesus Christus die Voraussetzungen dafür schafft. Murray lebte von 1829-1917 in Südafrika.
96 Seiten
2. Auflage
Best.-Nr. 15 652

John Bunyan
Überströmende Gnade

Der Verfasser der berühmten „Pilgerreise“ läßt uns hier tiefe Einblicke in die dynamische Entwicklung seines Glaubens tun. Beeindruckend ist die Ehrlichkeit, mit der er sein Versagen schildert. John Bunyan lebte von 1628-1688 in England.
96 Seiten
2. Auflage
Best.-Nr. 15 653

Georg Müller
Durch Gebet zum Sieg

Ungezählten Kindern hat Müller in Waisenhäusern eine Heimat gegeben. Seine Tagebuchaufzeichnungen lassen sein bewegtes Leben mit Gott ahnen. Noch heute sind sein Glaubensgehorsam und seine Nächstenliebe eine Ermutigung zur Nachahmung.
96 Seiten
Best.-Nr. 15 655

Samuel Furrer
Wachset in der Gnade

Vier Predigten des Radiomissionars Samuel Furrer. Die Ansprachen haben bis heute nichts von ihrer Kraft verloren. Gerade die Geradlinigkeit und die unbekümmerte Ausdrucksweise sprechen viele Hörer der Radiobotschaft an und werden auch den Leser beeindrucken.
Die Themen:
Die Ausrüstung eines Zeugen Jesu
Zwölf Merkmale wahrer, gottgesandter Männer
Die unerhörte Vollmacht der Söhne und Töchter des allerhöchsten Gottes
Wie man Gebetserhörungen erlebt
96 Seiten
Best.-Nr. 15 658